河出文庫

志ん生芸談
〈増補版〉

古今亭志ん生

河出書房新社

志ん生芸談〈増補版〉

◉

目次

【語り】

志ん生芸談

〈増補版〉

語り

将棋で徹夜

世の中を渡るのは、将棋を指すのと同じですよ。逃げ逃げ、逃げ逃げして結局、勝たなくちゃあ仕方がないんだから。

将棋ってェのは子供のじぶんから指してました。表の縁台でね。はじめはおすわったというわけじゃなしに、子供同士でおぼえた。

そうね、十七、八になったじぶんに、友達に将棋の好きなのがいて、又、指すようになった。将棋も、そこいらの処は基本《もと》をおぼえるだけですが、駒の動かし方をおぼえると、それから面白くなって来る。

昔は、落語も夜興行で、昼間はあすんでましたからね、夜明ししたことなんかあります。御飯たべちゃって腹っこなしにやるんですよ。

将棋ってのは後味がいいですからね。負けると〝くやしいっ〟と思っても、じき、なんでもなくなっちゃう。すぐ〝今度は勝ってやろう〟と、又やる。

以前は、負けちまって、もう指すまいと思ったこともあるんですが、又敵《かたき》をみると、指したくなる。むこうもそうなんですね。まして今は、体の具合が悪いでしょ。将棋指しているよりほかしょーがない。

明治陛下がおなくなりになったときに、御停止《ごちょうじ》といって、歌舞音曲一切停止《ていし》。東京は一週間だったが、京都は本場だから一カ月休みになっちゃった。こっちは、笑福亭てのに出てたんですが、仕方なくあすんでいるんですから、小遣いはなくなるし、ただ将棋指してるよりなかったですね。

ああいうものがなくなったら、どうするんだろう。

将棋は相手によって、とっても自分とあわない人間がいるもんです。相手によっては、指したくない人もいるもんです。自分とあう相手、指したい人は少ないもんです。

その仲間と温泉へ行って指す。お湯なんざ、入らない。タオルを一寸ぬらして顔ふいて指す。二日で五十遍指して、みんなねむたくなっちゃって来る。

〝師匠、駒が二つにみえるから、もう、よしにしましょうよ〟て、いっても、〝だめだ〟ってね、続ける。そういう時に強くてね、勝つんですよ。若いじぶんから、そういうことでやって来たんだから、指しはじめてから六十年くらいたってるし、子供のじぶんからやってるんですからね。

夢にまで将棋をみますよ。きっと勝っててね。なるほど、こういうふうにやれば、負けないなと、夢の中で考えてる。敵の駒、全部とっちゃってね。その手を、目がさめてから使いたくても、どうしても思い出せない。負ける夢はみたことないね。

ひとしきり〝マックラブ〟ってのをつくりましてね。俎板《まないた》の新しい、大きいので、看板作って、うちの玄関にかけといたんです。あいで、もう二十人くらい、会員がいましたね。一遍〝まった〟したら、百円罰金を出す。それを集めといてお茶飲んだりした。

エ、エ、あたしんちで、集まってる連中は仲間でね。

でもね、百円くらい出してやれ！　と思って〝まった〟する。

木村名人がね、

〝師匠、まったなんていけないよ。まったすると癖になるから、いい手が出てこないよ〟

そうはいわれても、なかなかね。〝まった〟もひどいのになると、五つくらい前からする。それがどうしても今の手じゃだめで、〝まった〟するようになる。

だからあたしは自分に、飛車角取《ひしゃかくと》られ之《の》介溜息《すけためいき》と付けた。

浅野内匠頭ってお殿様がいるでしょ。殿中松の廊下で〝エイッ、コンチクショウ〟ってんで吉良を切って、お家断絶。家来は路頭に迷う。

あの時、殿様が一寸相手をはぐらかして、逃げてればあんなことにはならない。

将棋もおなじですよ。やっぱり無駄なことをして駒を捨ててしまえば、大事なときに、敵にやられちゃう。どうしたって、勝たなくちゃね。

大山さんと加藤一二三八段さんがはじめて指したとき、朝日講堂でやる駒の動きを見るのに、ファンが三百人くらいも集まったでしょうね。

あたしにね、一寸来てくれってんで車持って迎いに来た。何にか将棋の話をってんでね〝浮世床〟をしたんですよ。すっかり人が集まるまでね。

そのうちにだんだん一杯になって来てね、木村さんが舞台の駒を動かしてって、〝大山さんの手、銀が上にあがりましたけれどね、師匠ならどう動かします〟

あたしもそうですってわけにはいかないんです。しかたないから、あたしは反対にたのんだんです。お客が、わーっと笑ってね。

木村さんも、そこをねらったんでしょうけどね。

この落語の世界でね、将棋をひろめたんですよ。まあ、そんなようなもんですよ、わたしがね。

そのためかどうか、三段をくれた。が、ことわった。でもまあ、とっといて下さいってんで持ってますがね。

実用むき　妻を語る

私たちの夫婦は貧乏で過して来ました。私は貧乏しながらも道楽はしていたが、妻にはそれがなく、ほとんど収入の無い家計をやりくりして子供をそだてました。老けて見えるのもそのせいか知れません。

服装をかまわないのも不思議なくらいで、それでいて気前のいい事は見ている方がヒヤッとする事があります。

体は丈夫で大病はした事が無く、ただ苦労した時代のナゴリに心臓が悪い。

特長はしんぼう強いというのでしょう、何故というと私と四十年も一緒に居るだけでそれが分ります。

子供は二女二男。長男が又私の道に入ったので苦労がふえました。

マア実用本位の女房です。

天狗の告白　川柳の巻

この道のむずかしさ

あっしゃ、昔から、相撲が好きでね。場所ごとに見に行くんだが、相撲の楽しみは、ただ見るだけだ。それだけの楽しみだが、さて川柳となると、自分で作って、そりゃ、ちょいとした苦労がある。だから、それだけに、いいのができた時は、いい気持ちだね。始めたの？　それがね、まだ、二、三年前でしてな、日はとんと浅い方なんだ。落語家ばかりの集った詩歌連会があってね。毎月一回、上野の池ノ端で会を開くんですよ。顔ぶれは、あっしと、せがれの馬生、それに文楽、円生、円歌、柳枝、なんかの十一人でやってます。

宿題で夜も寝られず

この会の選者は、川柳家の西島〇丸《レイガン》さんなんだが、一回ごとに必ず宿題が出るんですよ。こいつがなかなか苦労のタネでしてな。川柳ってのは、一つ出て来れば、あとはスラスラ出て来るものなんだが、その一つがなかなか浮ばないものなんで――いつだったかこんなことがありましたよ。やっぱり宿題が出ていてね。考えていたら、なかなか寝つかれない。夜はシン、シンと更けわたっているのに、目ばかり冴えちまって、どうにも仕末が悪い。と、はしご段が、ミシリ、ミシリときしるじゃありませんかね。こっちは、頭へ血がのぼっている時だから、ヒャ、ドロボーの奴、入りやがったな、ってんで、ふとんからソーッとはい出した。あっしゃ、体が余りピンシャカしてないから、野球のバットを持ったりなんかあんまり、勇ましいことはできませんがね。とにかく、ドロ的が侵入したんじゃ、だまっちゃいられませんや。するってェと、人の目の前をスーッと、歩いて行きやがる。それがネマキ着てね。何のことはない、このドロと思ったのは、二階に寝てたセガレの馬生だったんですよ。とたんに便所の電気がパッとついて、セガレ振り返った。「お父さん、何やってんの、ハハア例の宿題だね。実は僕もそれで、さっぱり寝つかれやしねえ」

ケッ作の数々

それじゃ、ここいらで、ボツボツ、ご披露いたしますかな。まず初っぱなは、羊かんって題でしてな。

羊かんを　持って上戸は首をふり

あっしみたいなもんですよ。
羊かんは　大事の客の時に出し
次は、包丁
こわくない包丁を持つとうふ売り
柄のとれた包丁を持つ世話女房
ちょっとやわらかいところで、
そのあした　見たくないのは下女の顔
涙ぐむ　顔でダンナの足をとめ
へへ……、いかがです。
親テング　子供のハナを引きのばし
ハナうたは　忘れたとこがしまいなり
山わけは　あぐら同士の仲にあり
半分を　やらないために事がバレ
ご婦人の　那須の与一が運定め
この、しまいの、お分りになりますか？　宝くじの抽籤ですよ。
二人とも、スネにキズ持つことができ
口説かれて　たたみをふいて舌を出す
耳かきは　月に二三度使われる

同業に　悪くいわれて金ができ
大根は　女の足に例えられ
そのあした　昨日に変る口をきき
口づけは　七分できたとおなじこと
くちびるを　寄せると女目をつぶり
政岡は　茶の湯のような水かげん
　お粗末さま……

銭を求めて

放浪の記録

わたしア、親の家を飛び出してっからというもの、大変な放浪ばかりやったんです。わたしの親父てぇのは徳川の直参《じきさん》に生れたんで、小石川小日向水道町にいましてネ、明治になってから、その頃、棒といった巡査を拝命して、長らく横浜の外人護衛になったんです。そういう堅い家から出たんですから、本当は私なンざ堅人《かたじん》に育つ筈だったんですが、何しろ生れたのが神田で、物心つく頃から浅草新畑町にいたんですから、環境も悪かったんですね。吉原てぇ所が近くて、どうしても十六位から身が持てなくなっちゃった。酒は飲む、博奕は打つという訳になっちゃった。博奕場へ入り込んで家へ中々帰らない。帰る時は裸で帰って来るでしょう。それを何度も繰り返してますから、家の物も随分無くなしちゃったんですよ。酒も十四位から飲み始めたから、酒買いにでもやらされたら途中で飲んで水を割って帰って来るという次第でしてね。終いにゃ親父が一番大事にしてた煙管《きせる》を売っちゃったんですよ。そこで私が裸で昼寝していたら、親父が槍を持ち出して、もう少しで突き殺されるところでした。驚いて外へ飛び出して、阿母《おふくろ》が追いかけて止めたんですが、そのまんま、恐くて寄りつきませんでした。

友達の所をほうぼう居候して歩いた末、この友達が噺し家の卵だったもんですから、遂にこの方へ這り込んじまいまして、高座へ上る様になったのは十七位でしたかね。

私の師匠は橘家円喬という名人でした。日本橋住吉町にいた人でしたが、私が旅巡業中に四十何歳かで死なれましてね。それからというもの、もう師匠をとる気もなく歩きましたが、一番終いに、この間故人になった先の馬生、後に志ん生になった人の弟子になって、私が志ん生を継いだ訳なんです。

噺し家になった私の生涯は全く放浪生活でしたね。旅では色々と面白いことがありました。五日とか一週間とか、何処へでも行ってうつんです。忘れもしません。私がまだ二十一か二で張り切ってた時、遠州浜松の勝鬨亭《かちどきてい》でやったんですよ。夏場でしたが、てんでにさらしの襦袢一枚ってことになったんです。近所の酒屋やいろんな所から借りつけしちゃってね。発つ事が出来ないんです。高座に上るにさらしの襦袢と股引って訳にもいきませんが、ただ一枚、売る事もナニも出来ない様な破けた絽《ろ》の羽織があるんです。破けた所に糊で紙を貼って墨を塗って、突っ張ったやつが一枚。皆な裸だが、ただ一人今の正蔵が前座でいて、東京で買った新しい浴衣を持っていた。それを皆でとっかえひっかえ着て、つっぱった羽織をひっかけて上るんです。その間、外座《げざ》が囃子でつないでるんですが、客はこの一座は全部揃いだな、と思ったかも知れません。

また県の演芸館で興行した時も浜松以上のご難を喰いましてね。席がテキ屋さんかナンかでしたが、商売損しちゃって何かの座をあげようと思っても送る金がないんです。館は電気代だけあがればいいから、後のあがったので米でも買って食べてくれという有様だからお客だって来ませんや。何しろ客が一束なら一束来て一杯なんです。つまり税金何枚きって、電気を切って、あと米を買って、それからおかずを買うと丁度なんです。米とおかずでピタッととまる。もう二人位来れば煙草位買える事になるのが、米からおかずへかかる九時半頃になるととまってしまう。毎晩なんですよ。随分バカにしてましたね。

そこを矢張り発てないでいて、やっと四国の高松という所へ行きましたが、どこも悪くていよいよ他にのる所がなくなっちゃったんです。すると幸にも宇和島から「公演やりたいから来てくれ。足代出そう」それで十円かナンか送って来る。「よし」という事でね。のり金が来ると二人なら二人先へ行って先方へ前の席の借金を払って貰う交渉をやるんです。そういう時、一番先に行くのが私なんです。その時も交渉係として先に船に乗ったんです。所が金はなし、腹は減るで、ボーイに頼んで、醤油樽に毛氈《もうせん》をかけて一席やったんです。するとボーイの奴が帽子を持って歩いてくれる。後でそれを見ると、一銭、五銭、二銭てのが多いんですよ。それが五十銭位あったんです。するとこっちに祝儀の袋があって触ってみると五十銭入ったのが二つあったんです。それで宇和島に上ってから早速飯屋に飛び込んで呑み喰ったんですが、勘定が一円六、七十銭なんです。祝儀袋に一円あるから、バラで六十銭、これで足りると思って祝儀袋を破いたら、中に二銭銅貨が二枚入ってた。これはボーイがオトリに入れたんですね。

かように若い時は随分無茶な放浪生活をやりましたが、もう一つ私にとって忘れられないのは、何と言っても満洲に興行に行って、そのまま終戦を喰った時のことです。一行は勿論解散するし、私と最後まで一緒だったのは円生一人でした。

私ア、陛下の放送を聞いて、これはダメだ、ここにいてはどっちしたって助からない、第一無条件降伏して生きていられるかいどうしよう……腹切るたって切りかた知らないし、首吊るのはダラシねえしね。それから以前正金銀行へ行って喋った時お礼に貰ったウオッカを五本位ガブガブ飲みましたよ。それで心臓破裂して死にゃいいと思ってね。それで倒れちゃったんです。十二時か一時頃に飲んだのが三時頃眼が醒めちゃった。驚きましたよ、本当にね。それで水を二十杯位飲みましたが、後で生きてるんならあんなに一遍に飲んじゃうんじゃなかったと思いましたよ。

そのうちロスケの騒ぎになって、メチャメチャになっちゃった。それで大連へ円生と一緒に逃げたんですが、行く先々で保安隊に追っ立てを喰う仕末でしてね。

そういう訳で皆の神経が尖ってますからね、笑おう、笑おうと思っているから頼まれて行くんですが、何しろ夜になると、どっか打ち毀《こわ》して入ってきたり、大変なんですよ。一遍、荒物、豆腐などを売っている大きな家へ招ばれて、一席やったんですが、済んだのが六時なんです。六時以後は外出禁止なので射殺されても文句が云えないんです。

そのうち酒が出た。呑んでるうち、寝てしまいました。ところが夜中の二時頃、グーッと自動車の音がして、バリバリパチパチと何か物を毀し始めた。円生が驚きやがって「だからこういう銭のある家へ入って来るからイヤなんだ」と泣声を出し乍ら、二人で蒲団を頭から被って、とにかくちょうず場へ逃げた。一時間ばかり隠れていましたら、誰かスーッと来て、ちょうず場を開けようとする人がある。ワーッと二人で夢中で中から抑《おさ》えて難をのがれたと思ったら、また誰か来て開けようとするんで、一生懸命抑えていましたヨ。

静かなようだから、一時間位経って、ソッと出て来たら、お内儀さんが何か用をしている。「奴等帰りましたか」「ナンです？」「いま、ここへ来たの……」「ナンにも来やしませんよ」「だって何か毀していたでしょう」

豆腐屋だから夜中の二時になると焚《た》きつけ毀しているんです。そいつがドシーとやり出したもんで、テッキリ、ロスケだと思ったんですよ。全くバカバカしいお話でしてね。「一時間もね」ッて皆、笑やがんの。

「そうですか、ちょうず場へ入ってたのあなた方ですか、道理でいつ行っても開《あ》きゃしないんですよ」

ようやく家へ帰って来たのは昭和二十二年一月二十八日でした。家のカミさんは私を見て幽霊だと思ったんですよ。易者は殺されているといったんだって云いますからね。

貧乏と隣合せで五十年

十三歳で勘当される

私は大変な道楽者であった。

神田亀住町の生れで、祖父は徳川直参の旗本だったが、父も道楽者で、この代々の武家を嫌い、祖父の跡を継がず、もう江戸も末期の頃だったので、屋敷を出て、町人の頭に結い直して遊んで歩るいたという人だった。

御維新になって、帯刀廃止令が出た。こうなると徳川に仕えていたものは、禄を離れねばならず、その時に祖父に八百両が下った。祖父はその金で商売をはじめたが、武士の商法で見事に失敗してしまった。

父は棒丁となって本郷に住み、相当のところまでゆき、止める時には年金を貰うまでになっていた。父には五人の子供があり、総領も父に似て道楽者だったが、早く亡くなり、私は末子に当る。

十二歳の時、一家は浅草新畑町に移ったが、その土地は荒れ果てており、吉原はあり、いかがわしい飲み屋ありで、風俗の悪いところであった。

私は、その頃（十三歳）から酒は飲み、煙草は喫いで、親爺は大変な怒り方である。何でも父の大事にしていたものを失くしたというので、

「昔ならヤリ玉にあげちまうんだが、……今だって家に置くわけにはゆかない、勘当だ」

とうとう家を飛び出す顛末。その時、落語家の友人から、この道に入らないか、と誘われたのが、きっかけで、別に動機とか、大決心というものは、まるで無かった。この時十五歳になっていた。

こうして、どうにか前座から二つ目になったのは二十三歳。当時の師匠は橘家円喬で、円喬は、明治の名人円朝の弟子。円朝には弟子、孫弟子が併せて五百人もあったといわれ円喬もその中の一人で、朝太がこの師匠の前名であった。

二十五歳の時、この師匠に亡くなられ、それからというものは、丁度親が亡くなったのと同様、転々として方々の家に飛び入りして来た。今思うと、色々の家に入ることは、それぞれの人がもっている芸を身につけることになり、私にとっては大変良い薬だった。この世界は特に封建的であるから、よそから入った僕になど、お客の揃ったいい寄席にはなかなか出して貰えない。お客が十八人、それに対して楽屋が二十人ということもあった。

ボロを着て真打に……

私がこの高座に入ったのは、お金をとろうとしたのではなく、何とかして名人になりたいという望みからだった。そして実際私のこの道に入ってからの苦労は、すべてこの望みのために尽くされて来た。服装《ナリ》を整え、人に可愛がられるということを、他の人が考えていれば、私はその反対に、服装《ナリ》ではなく実力でいこう、可愛がられなくてもよい、むしろ敵をつくるくらいでいいのだ、という生き方をして来た。だから仲間には評判は悪く、酒は飲む、その上ズボラときている。そのかわり人が何といおうと一切気にも止めなかった。服装《ナリ》といえば寒中羽織一枚あったためしはなかった。

二十七歳になって、上野鈴本亭で私の真打が行われた。真打は、役者でいえば名代、軍人でいえば少尉、兵卒から昇って将校となりそれからまだ大将までの順がある。

この〝ひろめ〟の時には、印絆纏、紋付に袴はなくてはならないと、鈴本の主人にいわれた。ところが僕ときたらどうだろう、寝巻のような服装《ナリ》をして、他には全く何も持っていなかった。そこで主人に二百円を前借したが、ズボラ者、酒を飲んだり遊んだりで、全部使ってしまった。

当日になってみると、大阪からも客を呼び客席は満員になっていた。だんだん私の番に近づくと、鈴本の主人が出て来て耳打ちをする。

「君、もう支度をしなくては駄目だよ」

「支度なんて、無いよ」

「今日はお前のひろめの日なのに、自分の為に寝巻みたいなのを着て出ては、しようがないよ」

「いけなければ、私が止めればいい。お前さんのとこは、服装《ナリ》さえよければ誰でもいいのかい、それなら呉服屋の兄貴でも引っぱって来ればいいよ」

まアまアというので、その寝巻のような服装《ナリ》をして私は高座に出た。客は勿論びっくりしていたが、客を帰えしてはいけないと、私は一生懸命の熱演ぶりだった。客は一人も帰らずに終りまで聞いていてくれたので、私は嬉しかった。

こんな行いをして来たのは、自分の芸一つで押し通したかったからで、かえってこれが人の評判になり、私も世に出て来れたのだろう。

どんぞこ生活

浅草稲荷町の寺屋の横丁を入った床屋の二階が、私の世帯を持ったところ。そこを間借りしていた際、三十三にもなって、もう一人でいては駄目だから、早く女房を貰いなさいと、仲人がやって来た。それでは、というので条件を出した。「商売柄家を空けることが多い。その上、酒が好きで、博打が好きで遊びが好き。一人前になっていないから金もとれない。親もなければ兄弟もない、それでよかったら」といって貰ったのが今の女房。その女房が箪笥にぎっしり品物を詰めて来た。それが一ヶ月ばかりの中に全部なくしてしまった。「こんな有様では、向うの親に申し訳がない」と仲人に涙をこぼされた。

それから田端に越した。そして震災の翌年今の総領が生れた。その後も何年となく同じことをくり返えしている中に、家賃はたまり、もうこれ以上住めないというので笹塚に越した。今日とは違い、その頃の笹塚は、大変な田舎で、田圃の中に一軒家があるという風で、さびれてもいた。

もうすっかり貧乏のどん底で、私は着て出る着物が無くなった。もうこれでは高座に出られないから、落語を止めるつもりで近所の機械工場に出て、鉄の車を廻わして働いていた。

こうしてお盆にさしかかると寄席に出てはどうか、といわれたが、さて、着物がない。丁度その時、私の家の前の、或る大きな百姓家が、子供達の為にボロを一包くれた。それを女房が引き出している中から、チリ紙のようにまるまった縮の着物が出て来た。これなら着れる、というので火熨斗をかけて、寄席に着て出たが、着ている中に、だんだん縮んでもとへ戻ってくる。腕が肘まで現われてくると、しようがないから「雨にあたから縮むんだ」といっていた。

夏の間はこうして高座に出られたけれど、寒中になると羽織がない。絽の羽織は切れちゃっているが、もう薄くなって針も通らない。仕方がないから紙を糊ではって裏打ちをし、紙に墨を塗って着て出ていた。皆は寒いから楽屋で火鉢に当っているが、その仲間入りをすることが出来ない。絽の羽織だということは遠目には判らないが、傍で見ると、よく判るから。

寄席が終って、その絽の羽織と足袋を、紙につつんで帰る途中、おでん屋で飲んで忘れてしまった。翌日とりに行ったがもう無い、持って帰った人が開けてびっくりしただろう。

こんなことを繰り返えして、世の中も良かったし、自分も呑気に暮して来た。ついぞ出世しようなどとは考えたこともない。私はこっちからなんかするのは嫌いで、自分から奔走することはしたことがない。芸にしてもお客を喜ばせ、何とか笑わせようとしてとけこむことはない。ただ一生懸命しゃべるだけだ。一生懸命しゃべるということだけで精一杯だ。それでも、出来、不出来がある。

この落語は、お稽古を寝ずにやったからといって、出来ばえが良いということはない。自然のものだ。勉強したから上手くなるというのは、普通一般の芸でしょう。私が思うのは、落語の芸は「妙」というものだ。落語ばかりは、ただ出来ても駄目。出来てからが、〝ホネ〟なので、一番必要なのは、たえまない努力で、そして欲を捨てること。どうかして金をとろうと思ってると駄目なのだ。その点新作は誰がしゃべっても同じだけど、古典の方は、一応勉強した後から味つけするのが自然にそなわってくるのだから、長くかかる。この味付が三十年で出来るか、五十年かかるか、いずれにしても大変なことだ。

ところが五十年やっても八十年やっても何一つくれない、ボーナスはなし、恩給はなし、とりとめのない商売だ。だからこの商売に入って、銭の愚痴をこぼすのは、そもそも間違いで、昔は俳諧のあとに小ばなしをしたのが落語のはじめなので、お茶だの、お菓子だのをお客様に出して、只で聞かせていた。お金を儲けるといった了見でこの商売をやっていたのでは、おかしみがなくなってくる。落語に出てくるのは、どこか間抜けの人間でお客は、頭を休めようと聞きにくる。

落語家には貧乏は良薬

大変な貧乏ぐらしをして来たが、貧乏の苦労は一番の良薬で、貧乏という話をきいている人は大抵たのしい。失敗して、失敗して、という話だが、失敗ということが、大体おかしみが出て来る。だから落語家には貧乏生活が実に良薬なのです。

私の失敗にもこんなことがあった。

笹塚から移った先が本所で、この辺一体はもと空地だったのを、震災の家不足に際して、ゴミで埋め立てた土地だった。そこにある家は、蚊が出る、湿気る、ナメクジが出るというひどい家。それでも家のない間は人が住んだが、だんだん良い土地に家が建ちはじめると、そちらへ移っていった。そこで、こんな家でも人が住めるんだという証のために、只で入ってくれという一種のオトリだった。こっちは丁度家賃が払えなくて滞納して困っている時に、こんないい話はないというので住みこんだわけだ。ところがナメクジが出て毎朝十能《じゆうのう》に十杯ぐらいすくって捨てなければならない、又、人が少いから蚊が一斉に私の家に集ってくる。話をする間にも口の中に蚊が飛び込んで来るという始末だ。だから外から帰ると、先ず何よりも先に蚊屋の中に飛び込む、蚊屋の中で飯を喰う。ところがこの木綿の蚊屋に穴が空き出した。破けた穴を糸で結んでもたせていた。たまたま或る日、私の留守中に蚊屋を売りつけに来た。その男のいうには、

「この蚊屋は二十五円だが、二円の月賦でもかまわない、今すぐなら十円にまけて売りましょう」と。

女房が「十円なんかありやしないよ」といいながら火鉢を動かすと、火鉢の下から十円札が出て来た。女房は喜んでその麻蚊屋を買った。私は帰ってその話を聞いて驚いた。

「十円なんか家にある筈ないよ」

「だってちゃんと払ったよ」

「どこにあったんだ」

「火鉢の下」

「馬鹿野郎！　あれは十円ではない、ロシヤの札で、五厘で売ってるんだ」

それはともかくシメタというので、早速買った麻蚊屋をほどいてみると、たたんであるように見せかけて、四角の布を重ねて、四角をちゃんと糸でおさえてある。実は四角のバラバラの布でがっかりさせた。向うも二円のところを十円貰って儲けたと思って喜んでいたに違いない、だがニセお札ではどっちも文句のいいようがない。

こんな経験は、みな落語に関係している。貧乏は落語と隣り合せで、浮き世の苦労をして来ないと落語に味が出て来ない。

この本所に住んだ頃は、浜口内閣の金解禁の頃で、不景気のどん底だったけれど、私は不景気など少しも驚かなかった。呑気なタチだから。神経質の人なら、もうとうに落語家を止めてしまったに違いない。

自殺も計った抑留記

亡くなった羽左衛門に、私は大変な贔屓にあずかった。戦争の末期、熱海に療養していた頃、訪ねていって五席も話したことがある。羽左衛門の一周忌が築地の金田中で行われた際、未亡人が、故人が喜ぶでしょうから一席やって下さい、といわれたが、弔辞を読んだりして悲しんでいる時に、落語は出来ない。

満洲を慰問して廻り、大連に着いて、二日目に終戦を迎えた。知人の家に呼ばれてゆくと、近所の人が集って、明治陛下の御写真を焼いていた。その中の一人が、

「陛下の御志に背き、ついに敗戦を招いたのは、国民の力が足りなかったためです。まことに申訳ありません」

というと、居合わせた一同は、ワーッと泣き出す。その後で一席してくれというのだが、こんな時には出来ない。「今日は止めましょうや」といって帰って来ちまった。悲しい気分や、沈痛な気分の時に、いくらこちらの商売だからといっても、お笑いを一席

などとは、とても出来ることではない。

大連の正金銀行で話した際、ウオッカを十本くれた。そこの人は、「少しずつ飲まなくてはいけませんよ、とても強い酒ですから」と注意してくれた。ところが、二日経って終戦となった。さて、こんな内地と離れたところで終戦となっては、どうしようもない。腹を切ろうか、でも腹は痛そうだな……、と考えている中に、ふと思いついたのが例のウオッカだった。何でも強い酒だから沢山飲めば、心臓が破裂するだろうと、終戦の放送を聞いてから、すぐに飲み始めた。五本の瓶を飲みほして、これで死ねると思って、静かに横になった。スーッとだんだん気持がうつろになっていった。ところが突然深い眠から覚めた。時計は夜中の二時を指している。ああとうとう死ななかったのか……。私の心臓は、日頃きたえてあったのか、余程強く、五本のウオッカを克服してしまった。どうせ死ねないのなら五本も一っぺんに飲むんじゃなかったと、大いに悔いたがはじまらない。

大連には、円生と二人でいったのだが、これから引揚までの一年半は、苦しいながら落語のような大変な生活体験だった。全くの未知の土地で家はなく、しかも夏の旅行だから夏の着物しかないので、格別に寒い大連の冬はやりきれなかった。

ある日ソ連人が入って来て「出て行け」という。それじゃというので荷物を車に乗せて表に出た。それを見て近所の人が心配そうにきいた。

「どこへ越すんですか」

「俺にもわかんないんだ」

といって円生が車の前を引き、私が後を押し「どっちへ行く？　え、どっちへ行く？」といいながら、行く先きもないのに、グルグル引いて歩るいた。

或る時は、住む家がなく屋根裏を借りた。そこは鼠の巣のようにたくさんの鼠がいた。夜寝ていると顔の上を鼠が走る。口を空けて寝ていると、チュッと何かが入る。グッと歯を喰いしばると鼠の足を嚙んでいた。慌てた鼠は顔の上で暴れまわって眼が覚めるという始末。

食糧がなくなった時、高粱が配給されるというので、円生と車を借りてとりにいった。麻袋に一杯もらって帰ってみると、それは馬の餌だった。食べられないから売りに行ったら十円だった。車賃を十五円払ったから五円損しちゃった。

こうして、やっと内地へ帰りついてみると我が家にはそれこそ何もなかった。ひどい暮しだった。帰って三日目から又、寄席に出てラジオに出て……という私の仕事がはじまり、今日ようやくにして昔程の不自由はしなくなった。

それでも昔の貧乏時代が一番なつかしく、そして時代もよかったと、この一文の終りに概嘆するのである。

お化け長屋は愉しき哉

タダの長屋へ夜逃げ

まあ、その、貧乏といっても、誰もしたいと思ってするんじゃない、仕方がないんで貧乏するようになっちゃうんだからね。これは貧乏だナと思ってするんじゃないんだけれど自然と貧乏になっちゃうんだ。

まして、こういう商売でね、今はいろんな仕事があるから、まあ、どうにか泳いでいけるけれども、そのころは寄席より外には仕事がなかったんですよ。

でこの商売は〝一文上り〟といってですね、何厘っていう割を取ったもんです。お客の頭一人に二厘だとか三厘、四厘、五厘ってそれで〝一文上り〟というんです。だから、二厘取る人と三厘取る人では、つまりそれだけの位置が違ってくるんですよ。

二厘の割にあげて、一束《いっそく》で二十銭ですわね。その二十銭ぐらいな割がなかなか取れないんです。あたしたちは、その時分、電車がね、往復九銭でしたよ。そうすると、二十銭取って九銭払っちゃうと、十一銭しかないんですね。それでタバコも吸やあ、安い焼酎やなんか飲むんだから、家へは一文も持って帰れないということに、つまりなっちゃうんですよ。

それで、どうしてみんな生きてんだろうナと、自分のことより他人《ひと》のことを考えるね。それでみんな、愚痴もこぼさねえでいるんだから、こらあ、神業《かみわざ》よかほかないぐらいにあたしたちは思ってたんですよ。「この人はどうしてやってんだろう」と。

あたしが、浅草の橘館ってえ寄席へ出てるときだ。あたしの知ってるやつが来て、

「どうだい、本所の業平に家が空いてるそうじゃないか」

「うん、空いてるんだ、引っ越してこいよ。おあしなんかいらないんだ。家賃はタダでいいんだ」

「タダでいいったって、タダの家なんてあるのかい？」

「いや、タダでいい。家賃も向うさんは取らないんだ」

「どういうわけなんだい、お化けでも出るんかい？」

「いや、実は家が空いちゃってるんだ。人が見に来ても、誰も入ってないから入らない。だから、来た人を何とか入れるようにしてくれないか、というわけなんだ」

あたしはその前に、笹塚にいたんだ。それで、それじゃあってんで、そこの家を見に行ってね、決めちゃったんだ。笹塚の家は、朝の五時頃逃げたんだ。越すとなるとほうぼうに借りがあるから昼は越せない。運送屋に話をしておいて、どうせくだらねえもの

ばかりだけど、そいつを車にナニしてね、それで逃げて来たんですよ。そして、そこの長屋へ入った。

　そこへ入って驚いたね。そこは元、池だの田圃のあるところを埋めて、その上へ家を建てたんですよ。今まで池だったやつを埋めるったって、土を余計に使った日にゃ金がかかるからゴミで埋めたんですよ。ゴミの埋めた後から、その上へ泥をやる。

でかいナメクジ

だから、シケちゃって仕様がないんですよ。それで雨が降ると水が出るときているんだから、ナメクジがわいちゃうんですよ。そういうんでわくナメクジだからね、小さいやつじゃないんだ。でかい、人差指や中指くらいの大きいナメクジが出て来るんです。それが毎朝、十能に一杯くらいとれる。そいつを業平の橋の上からうっちゃりにいくんだ、毎朝十能を持って。

　驚いたね、そういうナメクジが猫の皿やなんかの上を這っていった後へ御飯を盛って、それを猫に食べさせるとみんな吐いちゃうんですよ。

　それにあいつ、塩なんぞぶっかけて驚くようなナメクジじゃないんだナ。くやしいから手でもって殺そうとするんだけれど死なねえんだ。火をつけてやると、チャッと石の上で消えちゃう。大変なもんですね。

　そのナメクジが、壁へ這うんですよ。あいつが這うと、そのあとが銀光りにピカピカ光る。夜なんぞ寝ていると、まるで銀の壁みたいに見える。そこへもってきて、大きな、コーロギが、ピョイピョイ出てきやがってね。

全くそのころの苦しさなんてえのは、ナンですね、もう、口へは出せないけれども、しまいにゃ、考えるとおかしくなっちゃうですね。そうなるてえと、人間てえものは、何にも怖れるものはないんですよ。ずうずうしくなっちゃってね。

まあ、その時分に新聞屋が何か持ってくるんですよ。その時にゃ、鱒か何か持ってきて、

「これですいませんけど、一月タダ入れますから、ひとつお願いします」

っていうんだ。それを取って一月タダ入れさせて、また、一月入れるでしょう。今度取りにくると「ねえ」っていうんだ。するてえと、新聞屋怒りやがって、

「鱒をお前さんが取って、そいつを食っちゃって、一月タダやって、また一月取って、それで払ってくれないなんて、ひでえ」

ところが、競争だから、ほかのがまたいろんなものを持ってきたもんです。

インチキ両成敗

そこいらあたりはまた、夜になったって灯りのついてる家は一軒もないんだ。空店《あきだな》ばかりだからね。それを、あたしんちだけ灯りをつけたもんだ。そうするってえと、何しろ本所というところは蚊が名物なんだもんだから蚊が押しかけてきやがってね。

蚊柱というのを見たけどね。寄席から帰ってくると、まるで蚊が柱を立てたように家にいるんだ。だから、家へ帰って来ても口がきけない。口をきくと、パッと五匹ぐらい咽喉に飛び込んでくる。だからね、帰ってくると黙っていきなり蚊帳の中に入って、それで初めて口をきくんだ。

それで、蚊帳の中で飯を食ったりなんかするんですよ。そういう風に蚊がひどいんだ。だから蚊帳の中で寝ていて外を見ると、蚊帳の周りに蚊がたかっちゃってね、蚊帳だか何だか見えねえくらいなんだ。

だから、子供が夜中におしっこなんかに出るでしょう。そうすると蚊が、待ってましたてんで入ってくるんだ。そこへもってきて木綿の蚊帳の古いのときているからね。色ははげてきちゃう。あっちが破れたり、こっちが破けてくるでしょう。仕様がないから、破けてるところを糸でゆわえておくんですよ。

それでどうしても、この蚊帳じゃもたないってんだ。蚊帳などといわれたシロモノじゃない、中で食い殺されちゃうくらいなんだから。どうしたらよかろう、どうしても蚊帳が欲しいと思っていたんだ。そんな或日に、あたしが夜帰ってくると、麻の大きな蚊帳がある。

「どうしたんだい？」

「こりゃ、買ったんですよ」

「よくまあ、こんなすごい蚊帳が買えたもんだね」

「あんたね、きょう、蚊帳を月賦で売りにきた人があったんですよ」

そう、女房がいうんだ。くわしく聞くと、こうなんだ。二人の男がやってきて、

「この蚊帳を三円ずつの月賦で、十月で三十円で、はな三円入れてください、ここへ置いていきますから」

というんだが、しかしこっちは今、蚊帳を買うどころじゃないっていうと、

「そんなことといわないでお買いなさい。もし一ぺんに買ってくれりゃ、十円でよござんす。悪いもんなら月賦ですからすぐ判っちゃう。これは絶対いいもんだから買って下さい」

そういってねばるんだ。しかし、十円なんてありゃしないからっていいながら、火鉢の抽出しを開けたら、偶然十円札があったのでそれを渡したら、持って行っちゃったってえんです。

ナニ、火鉢の抽出しに十円なんてあるわけない。だんだん考えたら、そのころ、ルーブル紙幣というのがあったでしょう。ロシヤのやつで、三枚五厘かなんかであった、あれをあたしは誰かに貰って抽出しに入れといたんですよ。そいつを、うちの女房が知らないもんだから出しちゃったんだ。

それがまた、その野郎がね、ひったくるようにして取って、二人でいっちゃったてえんです。それでよく見ると、麻のいい蚊帳なんですよ。環なんかちゃんとついていてね。とにかく、そいつは有難いてえんで、ほどいて見たら、それがね、切れっ端ばかりな

んだ。つまり断ち屑なんですね。その断ち屑をちゃんと蚊帳のように、何枚も何枚も重ねてとじちゃってあるんですよ。とじて、環がつけてあって、赤いのがついてる。それだから広げるとバラバラ。

つまり、そいつらも、こちらのおあしを見て、ワーッてんだろうけど、てめえもそういうものを売ってるからこっちに来られない。

こっちもバラバラの蚊帳でね、どうにも仕様がない。しかし文句いうことは出来ない。そんな変な札を渡しちゃったんだから。だから、両方が文句いえないことになってね。

貧乏というのは面白い

だから、貧乏というものはね、面白いものだね。自然にそういうことがわいてくるんだ。まあナンですね、なきゃ、ないというんで、まあ、何とかやれるもんだと思ってね。それだから、そんな苦労をしてもこの商売がやっぱりやめられないでいたようなもんですね。大概の者は、もう我慢が出来なくなってよしちゃって、ほかの商売になっちゃうのが随分あるですよ。あたしは、ほかへは何にも転向しないんだ。そのまま押してきたんだからね。もういけないということは人間にはないんです。どうしてもいけないとなっても、そこでもう一つ何か考えりゃ、何かそこへ出てくるんじゃないかと思うですナ。

ところが、よく、あたしら、金なんぞ借りに師匠のところへ行くと、

「貸しゃすぐそれを使っちゃうよ。これだけなくちゃおっつかないっていったって、なきゃないでどうにかなっていくんだ。借りりゃ借りただけなくなっちゃうんだから」

そういわれたもんです。それで、自分がほうぼうへ借金してね、どうにも遣り繰りがつかないから頼みますって、師匠にいうと、

「てめえが勝手に借金したのを、他人におっかぶせることぁねえや。自分でやったことぁ自分で片づけたらいいだろう」

なんていわれる。

なるほど、苦しいから他人に金を借りた、借りた金はすぐなくなっちゃう。それで借金だけが残っちゃう。借りなきゃ借りないで、また何とかそこがやっていけるっていうことをね、あたしはよくいわれて、それから、どんなに苦しくても、人に貸してくれなんていうことはいったことないです。そのくらいはないでも我慢して……そうすると、また何とかなっちゃう。

あたしなんぞも、戦争の時なんかは、爆弾やなんか落されたって、ナニ、死ぬのは仕様がねえんだ、どうせ寿命なんだから。だけど自分で死ぬということはいやだっていうんだ。どんな苦しくても、自分で死ぬのはいやだ。向うが殺すんだから、殺されるのは仕様がねえっていうんだ。

だけども、寿命というそれだけあるものを自分で縮めることはないじゃないか。事故があって死ぬのは、こりゃ、自分の責任じゃない。新聞やなんかで、親子心中とか、よ

く見るけどね、死ぬってことはないよ、生きてればまた、何とかなるんだよね。

だから、貧乏から生れてきた人間は、いろんなこと考えますよ。貧乏というのは薬ですよ。ヌーッと育ってきた人は、何によらず、コトが起るとすぐ驚くが、貧乏で育ってきた人間は、一寸やそっとじゃ驚かない。

まあ、落語っていうようなものは、つまりそういうもんなんだよ。つまり、世の中のいろんな貧乏のそういうことが、普通一般の人に判ってるからおかしくなってくるんですよ。もう、楽で金が残るっていうんじゃ、誰がそんなもの聞きに行くもんですか。

ともかくも、人間が苦労をするということは薬ですよ。だから、親が子供に金を残すなんていうことは、あたしは大不賛成だね。親は、子供に借金を残すくらいでなきゃ、その子供はしまらないですよ。親が死んで初めて、子供ってえものは、こりゃ大変だって気を取り直すんですから。

親が残せば、当分いいやってんで、やっぱり駄目になっちゃうんです。まあ、金を残すということを随分考えてる人があるけど、あたしたちゃ、そういうことは考えないや、死ぬ時は一文なしで死にたいと考えてますよ。

ナメクジと闘う

昭和四、五年は世間一般ひどい不景気でしたが、落語界も御多分にもれずひどいもんで、私なんか、食うや食わずどころか、食わずでした。まアどん底でしょうな。笹塚の借家をおん出され、行き場がなくなって、何でもいいから安い家をと、ようやく探しあてたのが本所業平橋近くの長屋の一軒でした。

その辺はひどい湿地帯で、雨でも降ると水が出て、なかなか引かない。だから蚊、ノミ、ナメクジなど虫族の大産地なんです。なかでも胆をつぶしたのはナメクジで、背中に茶褐色の甲羅が出来ていて、ちょうど鮒のような奴が列をなしてやってくるのです。さすがの私もゾーッとしましたね。毎晩家へ帰ると、このナメクジを退治るのが私の日課になって翌朝十能に一ぱい、そばの川に捨てるのですが、あまりいい気持はしません。

蚊の襲来は、蚊帳さえあれば何のこともないんでしょうけれど、なさけないことに満足なものがない。うっかり口なんかきいたら、五六匹は完全に呑みこんでしまおうってんですからひどいもんです。

ある日、珍らしく商人がやってきたので、出てみると、「蚊帳を安くしておきますが……」っていう。欲しくってしようがない時だったので値段をきくと十円だっていいます。その頃の十円は大金ですが、相場としては安い。しかしこの大金はわれわれごときが持っていようはずもありません。何の気なしに火鉢の引出しをあけてみると、これは不思議、一枚入っている。

「おい、じゃ買おう」

というと、その男は蚊帳を置いて逃げるように帰っていきました。女房が帰ってきたのでその話をすると、

「あら、あれはルーブル紙幣よ」って、くすくす笑っています。

御承知の人も多いと思いますが、当時この使用できない紙幣があったのです。尤も、本ものの十円札が、あろうはずはありません。そのうち引返してくると思っていたところなかなかやってこない。まあ来るまで買った蚊帳は使っていようということになりました。

今夜から蚊の波状攻撃なんか平ちゃらだと大いに意気ごんで、さて釣ろうとすると、ひどいインチキ蚊帳で天井がない。これじゃあ引返してもこれまいと、女房と顔見合わせて笑いましたが、ほんとに落語を地でいったような話でした。

好色の戒め

色香に迷うも修行のうち

まずどういうようなえらい人でも、御婦人というものに迷うてえこたあ当りまえで、男としてそれがないてえのはありませんが、ただ深入りをするとしないのちがいであります。

あたしたちのほうでもみんな旅なんざア歩いてると、とかく女にはそういうことがありますナ。

あたしの若い時分、九州の久留米に松栄座てえ小屋がありまして、そこで一座で興行しておりました。まだあたしが二十四、五の時分でありますが、何しろ旅を歩いておりまして、御難つづきですから、満足なナニはございません。まア高座にあがって遠くからみてごまかすようなナニで、ちぢみの藍色の無地の着物がありまして、その単衣《ひとえ》を着てたんですが、ヒョイと遠くからみるとちりめんに見えたりなんかしまして、長襦袢なんてえものはとってもできませんので、腰巻にして長襦袢のようにあれをとってあるんですナ。なんしろ若い時分だから、そのころ旅を歩いてるてえと、噺だけじゃなんですから、踊りを踊る。一晩にまず七つ八つくらいずつ踊りを踊ってる。

それが七日ばかりの興行をやってますと、ちょうど千秋楽《らく》の一日前、お茶子《ちゃこ》といって、中に布とんをもってったりなんかするようなそこの女が、あたしのところに参りまして、

「ちょいと顔を貸して下さい」

「なんです」

「この土地の芸者で年増の芸者さんですけれども、逢いたいといいますから」

あたしはゾクゾクしましたナ。そこで早速云われたところへ行ってみるてえと、その芸者てえのがおりました。

「あたしは毎晩のようにここに来て、あなたの噺を聞いたり、踊りを見たりしてますが、どうもあなたの着物が気になって仕様がない。だから失礼ですけれども、着物と長襦袢と羽織とをあなたのためにこしらえてあげたいと思うんです」

丁度、秋にかかってまいりましたんで、どうも単衣物の着物を着てたりなんかしてるというものは、まことに具合が悪い。

「すみません」

「実はここにもってきたんですけれども、仕立ててくれますか？」

「それはどうもあたしは仕立てはあまり知らないもんですから」

「それじゃあたしのほうで仕立てて上げますけど、これで三日ばかりかかりますが、いいですか？」

「いや、明日の晩でもって、この土地を発っちまうんですから」

「そうですかね、あとはどこへ行くんですか」

「あとは九州の若松に行くんです」

「若松に行くんなら、一日か二日おくれて、むこうに行かれないですか。もしそのおつもりならこの先にお菓子屋がありますが、そのお菓子屋の二階に二、三日いたらいいでしょう。着物ができたらあたしがあなたを連れて、ほうぼう見物に案内しますから」

てんでね、若い時分で自惚れがうんとあるから、のこっていいようてえ事についちゃ、なんかこの女こっちにそういう了簡でもあるんだろうと思いますから、それから一座の親方のところへ行きましてね、

「あたしゃちょっと都合によって、二日ばかりおくれるから」

てえと親方が、

「そいつは君、困るよ。初日からいなかったりするとこっちも迷惑するんだ」

といって、すったもんだいろんなことを云ってたけれども、こっちゃどうしても動かない。

「じゃ君のいいようにしたまえ」

そう云われて一座からはなれることになりましたが、なるほど女の云う通りその松栄

座てえ小屋の先に、小さな駄菓子屋がありまして、そこの二階に行って待ってるわけでありますす。

そのうちに女から「明日の晩には出来るだろうと思うから、待って下さい」という言付けで、翌る日一日待って、その晩に来るかと思ってるてえと来ない。その翌る日一日待ったが相変らず姿を見せない。三日ばかり待ったがとうとう現れませんナ。

それから松栄座の、一番はないい話をした女のところへ行ってきいてみるてえと、その女はその土地の六助という芸者なんですナ。

「どうしたんだろう?」

「いや、あたしも行ってみたんですがね、あの人どこへ行ったか分らないんですよ」

だんだんきいてみるてえと、そのちょうどあたしの千秋楽《らく》の日に東京から大相撲が来たんですナ。その大相撲の中の一人に夢中になっちゃってスッテンテンに金を使っちまい、ほうぼう借金だらけになっちゃって、結局あたしにこしらえてくれる着物なんぞもどうかしちゃって、女てえものは姿をかくしちゃった。

そうなるてえと、こっちも菓子屋の二階にいたところで仕様がないから弱っちゃってね。といってまさかいままた一座の中に帰って行って、「女にこんな目にあっちゃいました」てえことも、みなの前に対して云えやしない。……心底弱っちゃいましたナ。

男のみえ

只今とちがってむかしは世の中がよかったんで、旅なんざア歩いてると、大概一週間ぐらいの興行の中には、誰かしら変テコな女でもなんでも出来たもんでございますが、中々自分にゃ女なんざ出来もしないくせに、「昨夜はなんだよ、女に呼びに来られてねえ」なんてんで、何処かに出て行って帰って来ないことがよくあります。その時分にゃそういうことを云って、相手をダマす癖があったもんであります。

あたしと一緒にいる一座に、先代の遊三（三遊亭遊三）の弟子に遊林という男がおりまして、これがまたとても自惚れのつよい男でね。「高座がすんじゃってから女から呼びにくる筈になってるんだが、どうしたんだろうナ」なんてつぶやいている。

それからわれわれ仲間が外に出て行って、近所のタバコ屋かなんかの娘さんにたのんで、「今夜橋のたもとまで来て下さい」という電話をかけて貰うてえと、当人喜びましてナ、

「おう女から電話がかかってきたよ、行ってくるよ」

てんで出てっちまった。

「いまにあいつ帰ってくるよ、待ってるところに行ったたって誰もいやアしないんだから」……ところが待てどくらせど帰って来ない。とうとう一晩中帰らずじまい。

そうすると翌る朝になって帰って来たんで早速、

「昨夜《ゆんべ》はどうしたんだ？」

「いやアおどろいたよ。お約束の橋のたもとに女が待ってるんでね。それから二人で一杯のんで、待合かなんかにしけこんで、嬉しいよオてんでなんたってあたしを帰さねえのさ」……おかしいな嘘の電話なんだがと思うけれども、「疲れちゃって仕様がねえ」なんて、タバコなんぞふかしてる。

そうすると下足番が、「ゆうべ傍《わき》に荷を送るんで、遅く停車場に行ったら、停車場の待合室で、おたくの芸人さんが寝てましたよ」てえわけだ。

奴は橋のところに行ったけれども女はいないし、さてといって帰ってくるのも体裁がわるいもんだから、駅の待合室に寝てるところをその下足番が見てたってわけですナ。

女のみえ

正月の十日にその時分の落語のほうの新年会がある。その新年会は下谷のいまの松坂屋の裏手に、青石横町というのがあって、そこに伊予紋という、まずそのころの一流の料理屋があったんですがね。そのときの会費が十円。

その時分に十円という会費てえのは苦しいけれども、そこに行かないということはどうしてもできない。新春《はる》で稼いじゃいるんだけれども、十円てえのはなかなか出来ない。八日、九日、明日はどうにかしなきゃならないと考えてると、そこへ自分の情婦《いろ》が訪ねてきて——情婦《いろ》てえほどのものじゃないけれども、馴染みの女で。

それでまア話をしてるてえと、女の薬指に平打《ひらうち》の金《きん》の指輪がはまってる。

「どうしたの、その指輪？」

「これおッ母さんの形見よ」

この指輪を借りて質屋にもってって都合すりゃ十円ぐらいなんとかなるだろうと思って、それからまアそれを取ろうと思うとどうしても、

「おッ母さんの形見だから駄目」

「返すから三日か四日貸してくれ」

外に連れだしてって、宿屋に行って一緒に寝て、なんとかしようと思うけれども、女は「おッ母さんの形見だから駄目よ」てんでどうしても貸してくれない。とうとう取組みあいがはじまって、やっとその指輪を無理にふんだくって、女をそこにつきとばして、こっちは二階から階下《した》に降りちゃって、翌る日とうから質屋にもってって、

「これで一つ十円借りたいんだけれども……」

「そうですね」

「何匁くらいかかりますか⁉ まア十円、二十円はつくでしょう」

「ははア、これは駄目ですよ、これは天ぷらですよ」

これにはおどろいたねどうも……。

元日の朝帰り

あたしの伯母が巣鴨にいましてね、ちょいちょいこっちが苦しくなると金を借りに行ってたんですが、大晦日の昼すぎに行って、明日元旦でどうしても着物と羽織を質から出さなければ、――第一《でえいち》紋付と袴がなくちゃ……元旦からふだんの姿じゃ具合がわるいから、貸してもらいたいと訴えたが、なんとしても貸してくれない。

「お前には度々だからどうしても駄目だ」

「ほんとうにこれは返しますから……、七草になったら持って来ますから貸してもらいたい」

「そんならお前のお母さんのお墓をこしらえるんで親類から集めてあるお金があります。これをお前に貸してあげるから、必ず七草には返すんだよ」

てんで、その金をもっての帰り道、つい好きな酒でわきに引っかかってのんじゃってね、その頃十二階下に銘酒屋というのがありましてナ、そこの女にひっかかって、その晩泊っちゃった。

元日の朝、何しろむこうもこれから商売があるし、早くそこを飛び出して、それから残ってる金で質を出そうと思って質屋に行ったら元日で店がしまってててね、いくら戸をたたいても開けないから、仕方がないから勝手口からノソノソ入ってったら、丁度雑煮を祝っているところでね。

「質を出してもらいたいんだけどね」

「冗談じゃない。いま元日で質草はないよ」

「独身者《ひとり》で雑煮なんかできないんだから、それじゃ雑煮を一つ食べさせてもらいたい。そして質を出しておくんなさいよ」

「元日早々から入ってきて、質を出して雑煮を食ってゆく客てえものははじめてだ。お前さんとも長いお得意だけれども、もうこれを機会に一切来ないでくれ」てんでね、質屋に断わられたことがある。

かみさんの味

あたしゃはじめてもらったかみさんと、そのままずっといまだに通してるけれども、仲間にはそういうのは珍らしいくらいですね。

だけどあたしが女房をもらうときに、仲人にそういってやったんだ。「あたしゃ借金があって着てるものは着たきりだし、酒は好きで遊びが好きで、博打が好きで、箸にも棒にもかからないし、そいで自分がなかなか売れてる芸人じゃないし、食うや食わずだから、それが承知ができたら来てもいい」

ところが仲人がむこうに行って話をしたら、いまのかみさんが、「かくしてられるよか、そのほうがいいから」てんで、あたしのところに来たんだからね。そらアあたしが清澄町の床屋の二階に一人でいたときに、いまのかみさんが輿入れして来たんでげすから。

そいでなんにもないから、何かのめでたいものをというんで、その時分たいい焼がありましてナ。こいつをそこに出してね、それで祝言の盃の真似ごとをしてたら、床屋の親父が二階にあがって来て、ひっくりかえって笑いやがった。

それでもおとなしくしていたのは、はじめの三日位でまたまた吉原通い、しまいにかみさんの簞笥の中をからっぽにして、琴も何も全部売っぱらっちゃった。かみさんも因果な亭主をもったもんだと内心おどろいたことだろうと思うんですがね、ええ。

ああ吉原

それだからまず早い話が、遊びに行ってあと行かないでいることが一番いいですね。だから吉原なんざア初会といってね、……はじめて行く晩を初会といいます。この次行くのは裏手になるんですよ。三度目を馴染てんです。

そうすると初会からあと来てもらおうと思うから、ごく安く遊ばせるんです。それで裏にくると、部屋に入るから金が余計にいるんです。だから初会で遊んで、裏にくるようなことを云って、またよそに初会であがって、しょっちゅう初会ばかり。これをひねりっぱなしといって、とてもしみったれな遊び方なんですね。

それで裏に来て三度目にくるのを馴染てんですよ。だんだん来るとしまいに女のほうでも――そこはね、人情だから、いくらか自分がそこに出したりなんかするというようなことになる。そうするとなんだか通うのがクセになっちゃうんですナ。

むかしは遊びの噺をしちゃいけないと警察のほうからよく云ってきたもんでげすナ。

しかしあたしのほうの噺は、遊びに行って女に可愛がられた噺なんざないんだから。みんなふられたり、いろいろ失敗する話をするんだからね。聞いてそういうところに行くもんじゃないという事を若い者に云うんだから、こりゃためになりまさあね、修身の教科書だよ、こうなると。

近頃の若い者は

いまの若い人はよく女の人と歩いていて、「これ友だちです」とかなんとか云ってますがね、その友だちということがおかしいですね。男同志の友だちというならいいけどさ、女を友だちにもってどうするんだてえことになる。われわれ時分には友だちだなんて云って、男と女が歩いてると、たちまちあやしいということになっちゃう。またあやしいと見られても仕様がないんです。

むかしはね、踊りの稽古やに行けば、そこに若い子が稽古に来ている。そうするとお軽、勘平の道行を踊ることになって、男が勘平になって、女がお軽になるてんでね、それからついつい二人が出来ちゃう。出来ると親に云わないで、出来た当人同志が家を飛び出しちゃう。飛び出して、どこか知ってる家に行って訳を話すと、また引受ける人がいるんだよ。「じゃ当分うちの二階においで」といって居候をさせておく。両方の親が悴と娘と家出しちゃってるから心配して探しまわるでしょう。そのうちにゃ、あそこにいるってことが分りまさアね。そうすると「こういうふうになっちゃったから、夫婦《いっしょ》にしてやって下さい」ってことになって、世間がうるさきゃどこかの二階を借りてとかね、それで夫婦《いっしょ》になっちゃうという寸法が多かった。いまはもっと強引なもんらしいが、どうなのですかね。

しかし男と女てえものは陰陽なんだから、一緒にいて手がさわったりなんかして、かじりついて接吻なんぞすれば、結局あとさきの考えがなくなって間違いを起す。これは今も昔も変らないんですね。どんなえらいお方でも一度はそういうことがあるもんですナ。若い時分に御婦人に迷わなかったてえことはまずないもんです。

ごあいさつ

えー、志ん生でございます。

ついこないだ、「びんぼう自慢」てえ題で、わたしの自伝みたいなものを、出していただきました立風書房さんから、またこんど、こんな立派な本を出していただくてえことは、実にどうも、ありがたいわけのものであります。

むかし、廓てえものが、まだ盛んな時分は、はじめて登楼《あが》ることを〝初会《しょかい》〟といいましてな、その花魁《おんな》の気分がいいてえと、二度目にゆく。それを〝裏《うら》〟という。〝裏がかえった〟てんで、女ァよろこんだもんですな。三度目からさきが〝馴染《なじみ》〟になって、それからさきズルズルベッタリになると「あァ、おらァ間夫《まぶ》だ」なんてえことになる。アブみたいな顔ォして……。

そういうわけで、二冊目の本が出るてえことは、立風書房さんでわたしは〝裏がかえった〟ことになる。「なんなら、もう一冊出して、馴染になろう」なんて慾張っちゃいけませんけど……。

わたしどもの若い時分は、名のある師匠連が、ずいぶんと速記本を出したもので、「速記本も出せねえ奴ァ、一人前のはなし家じゃねえや、ウン」なんてえことをいわれたくらいでありますから、あたしなんぞも、どれほどあこがれたかしれやしません。あたしもレコードだの、ラジオだの、テレビだの、そういうものじゃァ、ずいぶんとお目通りをいたしましたが、どういうわけだか、落語の作品集てえものが、今までに一冊もない。

これがはじめてであります。こんど、この本が出るてえことについては、また小島貞二さんてえひとに、たいそう骨折りィ願ったんでありますが、なんてったって一番お世話になったのはニッポン放送さんで、いまから十年ほど前に、あたしは専属として、ここでずいぶんたくさんの落語ォ吹き込んだ。そういうテープがウンとあるんですな。そいつを心よく借してくださったんで、ずいぶんと助かりました。こういうこたァ、ふだん心安くしているおかげで、うれしいことですな。

えー、廓ばなしてえものについて、「ありゃァ、助平《すけべえ》なことをいうはなしだろう」なんてえことをいうかたがいらっしゃるが、そうじゃァない。〝女郎買い〟という遊びを通して、花魁《おんな》と客がふれ合うんですな。そりゃァ、体もふれ合うけど、心と心がふれ合う。そこに人情てえものがありますな。

そこへもって来て、妓夫太郎《ぎゆうたろう》だの、おばさん（遣手）だの、新造《しんぞ》だの、ヨイショ（幇間）だの、そういう廓の人たちが出てくる。こういう連中は、なんかうまいことォいっては、お客を釣るんですな。客のほうだって、鼻の下ァ長くばかりしてやしない。ひやかしだの、居続けだの、いたずらだの、喧嘩だの、いろンな事件をもち込みます。つまり世相の縮図てえ奴ですよ。

いくら乱暴なことがあったって、廓てえものァ全体が色っぽいから、はなしをきいてくださるお客さんもたのしい。演るあたしどもだってたのしいですよ。これが廓ばなしのいいところだと、あたしは思いますね。

「師匠、廓ばなしの中で、どれが一番好きです」なんてえことを、以前きかれたことがあるが、あたしゃァ、人間が強情なせいか、きらいなはなしてえのは、あんまり演らない主義でありまして、『あわもち』なんてえ、ウンコの出てくるはなしだの、『突き落とし』なんてえ、妓夫太郎をお歯黒どぶへ突き落として逃げるなんてえはなしなどは、あんまり好きじゃァない。

そこへゆくてえと、『お直し』だの『子別れ』なんてえ、ホロッとするような、人情のあるはなしは、演り甲斐がありますな。

むかしの廓てえものには、ちゃんとしたきまりてんですか、しきたりてんですか、そういうものがあって、向こうもこっちもそれを心得ていて、遊んだり、遊ばせてくれたりしたもので、なンかこう、情緒てえものがありましたな。あんないいところを、どうしてつぶしてしまったんですかねえ。せめて〝吉原〟ぐらいは、残しておきたいてえのが、あたしの気持ちですよ。

で、そういうようなわけで、あたしが一生懸命演じました、廓ばなしばかりの本でございます。どうぞひとつ、ご愛読を願っておきます。

＊

えー、志ん生でございます。

本が出るということは、大変ありがたいわけのものでありまして、この前、立風書房さんから、あたしの『廓ばなし』を出していただいて、こんどまた『長屋ばなし』でございます。

長屋ばなしてえのは、つまり裏長屋に住んでいる人たちの落語《はなし》でありまして、読んでいただくとよくわかるように、出てくる人物はてえと、貧乏で道楽もんで、酒ェ飲んですぐに喧嘩ァしたりするが、根はのんきのいい人たちばかりでありまして、となり近所のつき合いなんてえものは、一軒の家のようで、そこには人情というものがある。

廓てえものも、もうすっかりなくなってしまいましたが、この裏長屋での、棟割《むねわり》長屋というのも、近ごろはあんまり見かけませんナ。以前はてえと、本所だの、浅草だの、ああいう下町《したまち》の路地ィ入るてえと、ならんでいたもので、実にいろんな人たちが住んでいた。

あたしだって、そういうところで随分暮したものでありまして、本所の業平《なりひら》の〝なめくじ長屋〟なんてえものは、家ン中でなめくじのほうが、あたしよりいばっている。貧乏神とはすっかり親戚づき合いてえ生活《くらし》でありますから、考えてみると、落語の中の長屋の連中といくらもかわらない。ひょっとしたら、向こうのほうがいくらかマシじゃないか、なんてえこともありましたナ。

そういうようなわけで、長屋のはなしというものァ、あたしゃア好きなんですよ。落語の中へ出てくる人たちが、みんな友だちや仲間みたいな気がするんです。

『唐茄子屋政談』てえはなしの中で、若旦那が唐茄子ゥ売ってあるくところがあるでしょう。はじめて、ああいうものを売ってあるくときは、満足な声なんぞ出やしない。これは、あたしにも経験があるんです。あたしは納豆を売ってあるいたんだが、寄席じゃア表まできこえるほどの大きな声が出るのに、人通りのあるところじゃア、とても「納豆ォ」なんていえやしない。知った人なんぞに会ったら、どうしようなんて思ってしまう。そのくせ、人通りがないところだと、大声を張り上げたりするんですから、売れるわけがない。

だから『唐茄子屋』の、あすこんとこをやるってえと、ついむかしのことを思い出してしまうんですよ。

『らくだ』てえはなしの中で、はじめは気の弱い屑屋が、酒が入ると、だんだん気が強くなって、酒乱の本領をあらわし、らくだの兄弟分てえすごい野郎を、あべこべにおどかすでしょう。酒のみてえなァ、ああいうもんで、酔った勢いで、自分の立場なんざァ忘れてしまって、天下ァ取ったような気になる。「べらぼうめ、矢でも鉄砲でも、持って来やがれッ」てえ、アレですよ。屑屋がらくだの頭の毛を、むしり取るでしょう。アレで特殊部落の人間だてえことがわかって、らくだの兄弟分がびっくりする。『らくだ』てえはなしは、なくなった可楽《からく》も売りものにしていたが、あの人のもあたしの『らくだ』なんですよ。ただ、あの人ァ、頭の毛を剃刀《かみそり》でそぐようにした。その辺のところが研究なんですナ。

『三軒長屋』てえはなしは、鳶《とび》の頭《かしら》のかみさんてえものが、なかなかにむずかしい。男のような言葉ァつかいながら、根は女だから色気がなくっちゃアいけない。鳶の頭だって、家ン中の言葉と、となりの伊勢勘《いせかん》のところへ、あいさつに行くときの言葉てえのは、ガラッとかわる。長屋の言葉てえなァ、そういうもんなんですよ。

そういうようなわけで、どの落語にも、あたしはあたしの工夫てえものを、いくらか加えたつもりであります。みんなあたしにとっちゃア、わが子のような可愛いい落語ばかりでございます。

こんどもまた、ニッポン放送さんのお世話になったり、小島貞二さんてえ人に、いろいろ面倒かけたりしたことを、お礼申しあげます。どうぞ、ひとつ、ゆっくりとおしまいまで、おつき合いのほどを願っておきます。

＊

えー、志ん生でございます。

ここにまた、立風書房さんから、あたしの落語集の三冊目を出していただいたてえことは、実にどうもありがたいわけのものでございましてナ。

えー、はじめが『廓ばなし』で、その次のが『長屋ばなし』で、あたしの好きなはなしを、ドンドン使っちまったんで、この本はそのどっちにもつかないのを、あれこれと集めてみたわけでありますが、別に余りもンだの、ゴミだのてえものじゃァない。『火焔太鼓』だの『抜け雀』だの、『後生鰻』だの『疝気の虫』だの、あたしのよく演《や》るはなしてえのが、随分と入っている。酒のみのはなし、武士のはなし、バクチのはなし、動物のはなし、夫婦のはなし、それに人情ばなし……なんてンで、いろンなのが入っております。

えー、幸いなことに、ニッポン放送さんで、以前にあたしが吹き込んだテープてえのがウンとある。こりゃァありがたいですな。なけりゃァ、もう一度演らなくっちゃならないんですからナ。これを速記する。まとめてくれたのは小島貞二さんで、相変わらず大きな体ァ、あたしン家まで運んで、「ねえ、師匠、ここンところをこういう具合に……」なんてンで、すっかりまとめて下さった。

本でも放送でも、何でもそうですが、材料だけあったって、いい板前さんがいなけりゃァ、しようがない。板前さんにたとえちゃァわるいけど、小島さんにゃズーッとお世話ンなってしまいましたよ、ウン。

まン中の小ばなしのいくつかは、あたしが思い出しながら、こたつン中でしゃべったのも入っています。小ばなしというより〝まくらばなし〟というようなもので、こういう短いはなしをしながら、ズーッと本題に入ってゆくてえわけのもので、あたしの考えたのもありますが、以前からあるのが多い。

えー、こういう本で、よその会社のことをいってはナンでありますが、えー、近ごろあたしの落語をナ、テープへどっさり納めたのがポニーさんから出て、その上に、レコードの大きな盤を十一枚にもまとめたのが、コロムビアさんから出て、これがまた大変に評判がいいンだそうでナ。新聞社の人やなンかが、「えー、師匠ォ、寝ててもうけてちゃズルいよ」なんてンで、記事を取りに来たりして、あたしも結構これで忙しいンですよ。

人間はすっかりズボラになるし、体も思うように動《いご》かないンで、表へ出るといえば、天気のいい日にちょいとおぶさって、近所の銭湯へ連れてってもらうぐらいのもので、本当に家にジッとしていて本が出る、レコードが出るてえような具合で、こりゃァ、お客さんのごひいきのたまものと、いつもかかアと二人して、感謝しております。

考えてみますてえと、立風書房さんからは、あたしの作品集三冊のほかに、『びんぼう自慢』てえ、あたしの自伝みてえなものまで出していただいて、こういうのが尾を引いて、テープになったり、レコードになったりしたンですから、こりゃァ神さまみたいなもンですよ、どうもネ、ウン。

えー、そういうようなわけで、あたしのことは、もう洗いざらい、すっかり本になっちまったンで、あたしのお役目ァもう終わったようなものであります。

これからの、えー、落語ォ一生懸命勉強しようてえ若い人がネ、もしあたしの演って来たことで、何か役ン立つことがあったら……、こういう本やなンかで、何か一つでも汲み取ってくれりゃァ、あたしァそれでもう満足なンですよ。

むかしの修業なンてえなァ、まずいとネお客の前でも何でも、師匠が襟ッ首ィつかまえて、なぐったりなンかした。体で芸を覚えろてンですナ。そこへ行くてえと、今ア違いますが、まア、この三冊の作品集の中には、あたしの八十年を越す汗や涙も入ってンですよ。

よろしかったら、どうぞ三冊コミで読んでみて下さい。

えー、倅の馬生や志ん朝も、熱心にやっておりますし、馬の助や志ん馬や円菊なンかの若い人たちもよくやってくれております。どうぞ、あたしともども、いつまでもごひいきを、願っておきます。

本当に、どうもありがとうございました。

私のくらし

酒だけに生きる

日曜日の午前十一時。新築後まだ三年の、日暮里は「古今亭」の日当りのいい居間。古今亭志ん生師匠、ちょっと寝起きの悪いような顔で座っている。

「もう、なんにも、欲もないンですからネ。家族が飲んで食って着て……生きてられりゃ、あとはどうでもいい。税金でも、なんでも、持ってってくれ。払えりゃだれよか余計払う方が好きだ、てンでこんどは保険会社を断ってるンですヨ。どうなるか？　あとのことなンざ、どうでもいいですからネ」

どうせ、いつか死ぬのだから「生命保険にはいるのはいい気持はしない」という。しかし、それよりは、自信で、ものをいっているようでもある。

関東軍慰問の旅で終戦となり、三遊亭円生とふたり大連で立往生のかっこうとなりかけたという、昭和二十年のころ――

「なンしろ、ソ連がくる、中共がくるてエンで、もう、落語どころじゃない。こっちはほかに芸がないから、メシの食いあげで……」

急に体が弱って、毎朝、目がさめると「生きてるのが、心細くなった……」そうだが、そのうちに、労働組合の劇場で、独演会をやるようになった。ソ連軍の司令部に、落語の内容の検閲を受けなければならない。ヨシワラや、オイランがでてくると「反民主的だからだめだ」といわれたのを「封建時代を風刺したもンだ」というので、検閲を通してもらった。

「なんとか、やれるものですネ。あたしア、いつでも悲観しない。なるようにしかならない……てンで」

志ん生的楽天性が、口から語られる。ヨシワラや、オイランのでてくるハナシを、赤軍進駐下では「封建時代の風刺だ」とかたいことをいって日本に帰ってきた。

他人の逆をいく

「そんなわけで、日本に帰ってみるてエと、セガレやカミさんのとこには、なんにもない。戦災だから無理もないけど、よくもまアこんなになんにもないもンだと思うくらい……親子して裸一貫ってわけで」

貧乏の苦労は、苦にしなかったくちぶり。得意のナメクジ長屋の貧乏ばなしは、ウソでなかった。それを、また、戦後の日本で「よくもまア、こんなになんにもないもンだと思う」――裸からでなおした。

「あたしア、他人の逆をいくのがもって生れた根性で、道楽してるから女房もたせろてンで、いまのカミさんと一緒にならされた晩に遊びにでかけた……」

「楽屋で先輩に、芸人は仲間にかわいがられ、ナリをこぎれいにして如才なくやれッていわれるとその逆をいって、あんなヤロウはないてンで、鼻ツマミになってやろうとした」

どうやら、こんな、アマノジャクと、楽天家が古今亭志ん生のなかに同居していて「なんとかやれるものですネ。あたしゃ、いつでも悲観しない」――で、生きてきたようである。

「生きているてエのは、いいもンですネ。もうあたしア、六十五になって……人生五十年より、十五年も、よけい生きてしまったから、かくべつ、欲ものぞみもない。酒だけで生きてるみたいなものです」

適度に〝酒やけ〟した顔は、細い目だけで笑っている。酒を飲むためにだけ生きているような、くちぶり。

「体はどう、健康ですか?」

の問に、

「こないだも、高座を下り、お座敷へまわろうとしたら、フラフラッとなって……」

高血圧だから、医者から安静、禁酒、禁煙を命ぜられた。二週間目に、また診察をう

けると、

「先生が、志ん生さん、だいぶ養生したネ……っていいましたヨ。あたしア、酒をよすくらいなら生きてるかいがない。ずっと飲んでいましたヨ。それが血圧がさがっちゃった……うちのカミさんも、あきれてました」

横で、〃カミさん〃が、やんちゃな子供をみる目で、笑ってうなずいている。

「宮田先生（宮田重雄氏）にもいわれました。志ん生さん、おまえさんみたいになると、もうわずらわないよ、ッて……だから、ボクは健康なんで」

あたしア芸人だ

うちのなかにいるときの、志ん生師匠は、ムッツリ屋だそうである。

「用のあることだけいってしまうと、もう、よけいなことは、なんにもしゃべりません」

「ニワトリや小鳥を買ってくるのです。買ってくるのは好きでも、世話することはしません。イヌが欲しくて、みなから反対されるものだから拾ってきたといって、シバイヌを買ってきましたのですよ。夜中に泣いてうるさいから捨ててしまったら、あわてて、自分で探しに行きましたンです……買ってきたといえば捨てたりなンかしないものをネ」

妻からみる、志ん生師匠は、家庭では、ただ、しずかなだけ。

「あたしゃ、高座でお客を前にしているときだけが、とりえで……だいたい、このハナシ家なんてものは、むかしは営業にはならなかった。ゼニ（銭）カネや、欲につられてるてエと、芸はのびない。だから、あたしア、もう、したい放題しつくして……」

うまいものにも、いい着物にも、なにも欲はなくなったそうである。〝この道にはいってちょいと五十年足らず〟で、どうにか、お客に喜んで笑ってもらえることが楽しい。こいつを忘れると、芸人じゃなくなる、ということらしい。

「芸人は、芸と人気と両方が、一緒になってあがってこなくちゃ……芸ばかしでもいけないし、人気ばかしでもいけませんネ。だからボクは、ナリをきれいに、如才なくやって、ゼニをつくって、人気をあげるなんてこと、芸人としちゃ寂しくて、しようがない。だから自分のやることは、万事が、オリ助（折助）で上品たアいえないことを気ままにやってます……」

気随気ままの人生でも、なんとかなるでやってきたし、また、

「なんとかならなくたって後悔しないンですヨ。いまの若いものはちがいますネ。しっかりしてます。あたしなンざ、若いときは寝るとこもないような、ひどいくらしでしたけど、まアウチのセガレ（馬生）なンか、あたしが死んだあとで、やっと一人前になるでしょう。めぐまれすぎてますからネ、いまは万事が……」

つきあいの朝寝

予定がないと、志ん生師匠、朝は十時でも十一時まででも床のなかにいる。老人のくせに、朝寝坊だ……と思うと、

「あたしア、夜がどんなに遅くても、湯にヘエッて寝ると、朝の六時か七時には、もうパッと目がさめちゃう。けど、ウチのものが夜遅くまで起きてるのは、かわいそうだから、つきあいで寝てるようなもンですヨ」

実は、お義理で、寝坊するのだという。そうやって寝てるとこを、電話で、おこされる。仕事の筋でなく、ときどき、ファンから、かかってくる。どこのだれとも名もいわずに、

「お前さん、志ん生かい？　アアそう。いまナニしてる？　そうか、酒飲んでるのか……ナニ、用事はない。お前さんの声聞いてやろうと思ってナ。さよなら……」

これでも、お客さまは「うれしいものだ」というから、こんな電話の応対も、つとめる義理のうちの一つなのであろう。

三月十四日、研究会。十五日、駒形三時。十六日、録音。十七日、アラスカ。二十日、神奈川体育館。二十一日、三越二時。二十八日、鎌倉八幡宮。三十一日、川崎、昼。三十一日、人形町独演。四月八日、漫談。

予定表を書いた黒板が神ダナの横にあり、神ダナに、信仰する不動さまのおフダがな

らぶ。日暮里は古今亭の居間で、朝酒——ではない、そろそろ、ひる酒の格好で相好をくずしている。

処世哲学

芸術祭賞〝お直し〟

——師匠は高座のほかに、いわゆる名士の方のところに行って、いろいろおはなしなさるでしょう。吉田元総理とか、一万田さんとか、池田勇人さんとか、そういった政治家や実業家のところへ行っておはなしなさったときの、そういう人たちについての感想をきかせて下さい。早い話が、吉田さんは、どんなはなしがお好きですか。

志ん生　吉田さんのところにははなしはやりに行きましたけれども、あの方はあまりしゃべらないですよ。私もまた、こっちからしゃべり出すということがきらいなたちでね。結局、はなしをやる以外に何もないんですね。向うが志ん生どうだこうだといえば、私もしゃべりますけれども、何もいわないのにこっちからおべっかいうことはない。たいこもちじゃないから、こっちからごきげんとってしゃべっていくということをしたことないんです。あっしは……。

――去年、芸術祭賞をおもらいになった〝お直し〟というのですか、あれは師匠としても非常に珍らしいものなんでしょう。

志ん生　あれはふだん時間もないし、やれないのですが、まあ、あのはなしはお客本位でなく、自分の道楽でやってるのですからね。だから、お客に喜ばれようのどうのといってやるんじゃねえんですよ。だから、芸術祭なんかに出すべきものじゃないですがね。だけれども、私は、こんなはなしもあるというところをやってみたのですよ。

――私、聞きまして、いつもの師匠よりも、そういっちゃなんですが、シュンとした調子でしたね。

志ん生　ええ、そうです。あれは味のあるはなしでね。今は私がやるくらいでほかにやる者はないですがね。あれは遊びというけれども、遊びのはなしじゃないのです。廓の中に、こういうようなこともあるというはなしですからね。

まああれですね、落語という、今の大衆にもっていってやろうというようなものじゃないですよ。しかし、落語というものは、ほんとうはワアワア笑わせるというものじゃないのです。これは聞いているうちに何か味が出てこなくちゃいけないのですよ。それで何かおかしくなってこなくちゃいけないのですな。爆笑というような笑い方をさせるというのは、昔はとてもやかましくて、そんな笑わせ方をしてはいけないと、よくいったものです。だから、無理なことをいわないでお客を笑わせなくちゃいけない。中にはずいぶん無理なことをいって笑わせるけれども、一席のはなし、まとまらなくちゃいけないのです。何でも笑わせればいいというようなのが、このごろは多いですけれども、そういうようなはなしではほんとうはいけないです。それは一時はいいけれども、人は飽きちゃいますよ。いつでも同じようなものでね。

十八番の〝火焔太鼓〟

――しかし、やはり師匠が寄席にお出になりますと、大向うから〝火焔太鼓〟という声がかかるでしょう。

志ん生　それはそうです。やってくれといっても、やったことはない。その人はそれがいいかもしれないけれども、ほかの人はどれがいいかわからないですからね。その人のいうことだけきくわけにはいかないですよ。だから、とにかくまかしてくれと、自分でやるようになっちゃうですね。中にはそういわれるとやる人があるけれども、私はそれがきらいなんです。

まあ、座敷に呼んでくれて、これが聞きたいといわれれば、やりますよ。ですけれども、そうでないときは、大ぜいの人が聞いているのでしょう。それを押えちゃうだけのその人に権利はないのだ。皆同じ料金を出してきているのだから……（笑）だから、私はやらないのです。

――それで師匠、たとえば席亭と、ラジオ、テレビ、お座敷と、どこが一番はなしいいですか。

志ん生　まあ、やはり、何か特殊の研究会だとか、三越の落語会だとか、東宝とかいうところはやりいいですね。あとはみな大衆で、いろいろな人が来ていますからね。だから、少い客に何するよりか、大ぜいに向くようなことをしゃべっちゃうよりしようがないのですよ。だから、芸術というものはやれはしませんし営業ですわね（笑）。

寄席は道場

――一時若いひとは寄席を粗末にするというようなことがいわれましたね。そういうことは、どうお考えになりますか。

志ん生　それは、寄席を粗末にするのではないけれども、ほかのことで稼がなければやれないですもの。寄席というものは、道場ですからね。金になりゃしませんよ。けれども、寄席もなくちゃいけないです、道場なんだから……。寄席は道場だし、片方は真剣勝負で、つまり自分の生活を何するためにやっていくのですから、……だから、寄席を粗末にするわけじゃないけれども、ほかの方に何があれば、どうしたってその方を何しますからな。それは寄席も、そんなことは考えていてくれなくちゃいけないのです。昔のように寄席で生活ができるのではないですからね。寄席は、それをよく心得ていてくれればいいのですよ。寄席は自分のところでもって生活の補助をするようなことの量見を持っているからね。だから違っちゃうのです。寄席というものは、もうはなしをやるところで、まあこのはなしをしばらくやらないからやってみようとか、とにかく客も料金を払って聞きに来る客なんだから、なんとかそこはやれますからね。ほかは、落語を聞くってんで来るのでないところが、ずいぶんありますからね。いろいろな演芸なんとか会というものでね。NHKの日曜なんか、前には楽団があるでしょう。そのあと落語が来るのでしょう。その楽団を聞きに来る人と、落語を聞きに来る人と両方あるのですから、楽団を聞きに来た人が、終ったらば全部帰っちゃうかというと、皆そこにいてついでに落語を聞きますよね。だから、その人たちが落語がどれだけわかるかということになるのですよ。だから、きらいな人にも食べさせなければならないということになってくるから、なかなか骨になってくるね。

落語も営業である

志ん生　だから、いろいろなことを考えて、だれにでも向くようなものを考えるのですからね。それは芸というものではないのですね。つまり営業ですよ。はなしを売るんだ。だから、芸術というものから離れちゃうですね。何かいう人があっても、すでに芸じゃないのです。芸というものは、マイクに向ってやるべきものじゃないのです。姿が見えないでしゃべっているのですからね。それじゃはなしじゃないのですよ。だから、目を使うところを、言葉を使っちゃってやるというようなことになってしまうのです。聞いている客になるたけわかりいいようにやりますから、はなしの根本はみなこわれちゃいますよ。つまり、しゃべらないで、目で話をしていくところがあるのです。そいつができないのです。やはりしゃべっちまわなければならないのですね。しゃべっちまっちゃ味がないのです。

テレビ出演の工夫

——それではテレビの方がまだいいわけですね。

志ん生　テレビだってやはりそうですね。ほんものじゃないのだから、劇団だのなんだのと違って、しゃべっていかなければならん。つまり、ほんものじゃないのだから、映るのだから、テレビが一番やりにくいでしょうね。まだ放送の方は聞いているのだから……。テレビはこう見るでしょう。見ているから、ほんとうの人物を見ているのじゃないから、ヘンテコになっちゃうのですよ。写真が何かいっているようになっちゃうのだから、それだから変になっちゃうのだね。劇なら、三人でも五人でも出ていろいろなことをやっているのならともかく、坐ってしゃべっているとね。それで私たちのは、扇をこういうふうに持ってキセルのつもりで、こう吸っておりますね。昔の人は扇をこうやってこうやればキセルを持っているということが自然とわかるのだ、しじゅう寄席に来ているから。けれども今の人は、なんだろう、ああやって持っているのは……、大体キセルというものを知らない人が多いもの。はなしはやはり昔のはなしだから、巻煙草吸うわけにいかないでしょう。それだから、何か骨なんですよ。

——そうすると、扇でキセルをやる所作に、また一言か二言、言葉も入れなければならないわけですね。

志ん生　それが、言葉を入れるとはなしがこわれちゃうのですよ。キセルにたばこをつめて、火をつけて、口のところに持って参りまして、一服吸ってというと、話はこわれちゃうのです。だから、キセルを使うところを、なるたけ使わないでやるというようなことになるのですよ。

十七度改名のいわれ

——ところで、師匠は名前を十七へんもおかえになったでしょう……。

志ん生　ずいぶんかえましたね。それは、若い時分にはいろいろなことがあって、名前をかえることがあるのですよ。名前をかえて、今度名前をかえましたからなといって、客のところに行って幾らか……、客が、それじゃこうしてやるとか、ああしてやるとか。借金があって取りに来やがってめんどくさいから名前をかえたり、それから地方に出るのに何の名前をつけようとか、いろいろなことで名前をかえたのですよ。それは一番いけないことで、自分の名前をどこまでも通そうと、そういう量見がなかったのですね。こういう商売で出世しようなんという考えはないのだから、だから自然とそんなことをしていたのですね。今になってみるってえと、実によくそんなことができたと思うくらいですがね。

落語で人生勉強

――また、前の話に戻りますが、吉田さんとか、池田さんとか、一万田さんとか、いろいろお会いになって、ああこの人はえらい人だなと、こう思われることがございますか。

志ん生　ただまあ、ああいう人は、こういうような落語という古典的なものを何して喜ぶところは、何かやはり日本の中に、いいところがあるのではないですか。やはり、ふだんああやってお召の着物にはかまをはいて、白足袋なんかはいて、池田さんでも結城かなんかで、何かそういうような風俗が、私たちは親しまれますね。

――一流会社の社長さんではどんな方々と……。

志ん生　それはのべつ会ってますな。亡くなられた八幡製鉄の渡辺社長だとか一万田さんとか、あの人なんかよく会います。親しく口はきかないですが、落語をとても喜んでくれましてね。落語というものは、世の中の裏から裏までを出したものなのでございますからね。それだけに、いろいろなものに通じるということが必要ですね。私たち若い時分、本郷に若竹という席があって、そこには高校の生徒なんかもみな来ていて、とても寄席の好きな人がありました。何十年かたってどっかへ行って会うと、とてもえらい人になっているのですよ。僕は学生時分に若竹でもって聞いたというのですが、そういう落語というものを聞いていた人がえらくなっている。世の中で出世していく上にとっても必要ですよ。だから、私の知っている弁護士でもって、うちに書生がいるのです。勉強しなくてもよい、寄席に行って聞いていれば、これが一番ためになると……。落語というものは、世の中の裏から裏までいろいろなことをしゃべるのですからね。

まったく、だから今の学生さんなんかで落語が好きなのはそうなんですよ。いろいろなことをしゃべってくれますからそういうことは学校で教えないのですから、江戸時代にはこういうことがあったとか、明治の時代にはこういうことがあったとかいうことはね。江戸時代のころの情緒なんということは、やはり聞いておればためになりますよね。ほんとうのところ、今の人でもってそのころの情緒を知っている人がないでしょう。教える先生がそのころのことを聞かないでしょう。そういうことは、やはり日本人としてはその時分の情緒を知っていなければならないですよ。それがこういうふうになっちゃったのですよ。

我慢が大事

志ん生　それに、なんだね。私たちの商売でも、がまんということがなければ決して成功はできないのですよ。何にでもつらいことにたえていかなければだめなんです。それをそこで破裂しちゃったら、もうおしまいですよ。まあ上の者には、とにかく無理をいわれても、そいつを何していかなければならないのです。けれども、それが自分の体がどうにかなってくると、それががまんできないですよ。やはりうぬぼれというものが強くなってきて、真打になっていくらか体ができてくると、つまり上の人間がまぬけに見えてきて、それで衝突してしまうのです。それがために、自分の体を何しちゃうことがずいぶんありますね。そのかんにんのしんぼうというものは、それは大事なんですよ。落語を聞いている人は、大体いろいろとはなしを聞いて気がやわらかになっているから、何か人といさかいすることや何かを好まなくなってくるのですよ。人間がいきになってくるのですよね。いきになってこなくちゃ、大ものにはなれないです。理屈では通らないですよね。自分がえらくなろうと思ったってだめですよ。自然がえらくしてくれなければだめです。

だから、私なんかよくいうのです。浅野内匠頭という人が落語を聞いておればあんな騒動起さなかった。あすこのところでちょっとがまんすれば、なんともなかった。それを武士の意気地とかなんとかいうことでやっちまったために、五万三千石はつぶれちゃうし、自分の愛している女房とは別れてしまうし、自分の家来というものは、それだけの人間が浪人してしまうですね。結局、これが主人の仇を討って、四十何人が腹を切ってしまうですね。そういう結果になっちゃう。それはちょっとのことなんです。ちょっとのところを、ヤッとがまんしてしまえば、ああごもっとも、あなたのいう通りですといってしまえば、別になんでもない話なんだが、それを武士の何とかいってやって、それが刃傷になっちゃうのです。人間というものは、抜いて向うに斬りつけたら、もうおしまいなんだから、落語なんぞも、ああそうですかと、やわらかくいって向うを慰める手もあるしするのですよ。フナといわれようが、何といわれようが、かまやあしない、いやフナですよといっておればいい。それをちょっとしたことのために、ヤッとやっちゃった。そのあとは自分だけじゃないのだからな。そのころは武士道というものがあるから、主人のために自分の体も投げ捨ててやった仕事なんだけれども、考えてみればずいぶんつらい話ですよ。主人がそういうことをしなければ、太平の元禄の世の中に笑って過せるものを、それは考えてみれば実に無分別な話ですよ。それだから、本郷の落語の席へ来て聞いていた、そういう学生がずいぶんえらい人になっているのは、そういう人たちは世の中を渡っていくのがうまいのですよ。実に世の中を渡るくらいむずかしいことはないですね。

たえず考えている

——この間、地下鉄の切符の話が出ましたが、あれは私は非常に打たれたはなしですがね。

志ん生 古いことの中にやはり入れなければ、感じてこないですからね。そりゃあもう、はばかりに入っていたって、飯を喰っていたって、考えていますよ。それが自分のあれですからね。そんなことを考えなくたってしゃべっていけばいいというが、それじゃやはりいけないですね。つまり、何か聞いている人に喜んでもらうことを自分で考えなければならないですよ。

ずぼらで呑んべで……

「――落語ってえもなア、クサヤの干物みてえなもんなんでネ……クサヤの干物てえのは、オメエ、好きな人は、大好きだがだれでも食えるってもんじゃねえ。それでいてわりと高いん……だから、ハナシカてえもなア、大通りを行こうと思っちゃ大マチゲエだ、裏通りを行くものなんで……」

下町の露路奥の大きな二階家、その六畳の茶の間の机の前に、丹前姿で落着いたツルツルのヤカン頭。いましも、そのヤカン頭にあわく煙のまといついているのは、煙草を吸っている証拠である。

桂文楽とともに、現代落語界の双璧といわれる五代目古今亭志ん生こと美濃部孝蔵さん（71）が、日暮里の自宅にくつろぐ情景だ。

美濃部家では、すべてがこのヤカン頭を中心に廻っている。文字通りの糟糠《そうこう》の妻であるりんさん（64）、寄席への付添いからマネジャー役まで兼ねる長女の美津子さん、弟子の今松さん、朝馬さん、駒子さん、女中さん……

だから、志ん生師匠は坐ったままですべて用がたりる。ここで新聞を読み、テレビを見、一ぱいのみ、メシを食う。時々、このヤカン頭が右向け右をしていることがあるが、これは朝馬さんと将棋をさしているときだ。

つまり、師匠の姿がここに見えなければ、家にいないのだと考えて、まあ間違いはない。家にいなければ、たいがい、上野本牧亭にある将棋倶楽部か、仕事に行っているわけだ。

このところ定席《じょうせき》は、新宿末広亭だけ。暇なほうである。

十一月十三日（月曜日）

としのせいか、夜中の一時、二時によく目がさめる。枕許の銀瓶から菊正の冷やをコップについで、床の中で一、二杯……。四時ごろまた目覚めてコップ酒。こういう日には、自然と朝寝坊になる。

十時に起きると、風は寒そうだがいい天気。松、ツバキ、サザンカ、ツツジなどの植わった庭で、印半纏《しるしばんてん》を着た庭師が二人、ハサミを使っている。

「庭師が入ってるてえのはいいネ、風情《ふぜい》があって……」

朝酒をひっかけ、ナットウ、イクラにおツユで朝メシ。ラッキョウを三粒ほど。ナットウとイクラは一日も欠かさない。ほかにタラコやシャケを食う日もある。

——おひる頃、四、五人の来客がある。人形町末広、上野鈴本演芸場、池袋演芸場の支配人と落語協会の高橋栄次郎さん。

〃顔づけ〃といって、十一月下席（二十一〜三十日。寄席では一ト月を三つに分けて、各々上《かみ》、中《なか》、下席《しもせき》と称する）の出演者の割りふりをする仕事だ。

師匠は三十二年以来、落語協会会長をつとめている。東京にはもう一つ芸術協会（春風亭柳橋会長）という落語家の団体があって競い合う形となっているが、この会長さん、高橋さんが手際よく割りふりする傍で、ノンビリたばこをふかしている。

「高山、勝たしたいネ」

と、師匠。

「今夜の新宿、入りが悪いよ」

「わるいネ」

落語と拳闘と野球の客層は同じというのが師匠の持論だ。

——三時。和服に黒たび、中折帽を頭にのせて師匠のお出まし。お弟子さんから女中さんまでが、玄関で見送る。

師匠の背中で、奥さんがカチカチカチと火打石を鳴らす。師匠が出かけるときに一度も欠かさぬ魔除けのオマジナイだ。

師匠は、ヒョコヒョコ表通りまで歩いて、車を拾う。待つということが大嫌いな師匠は、タクシーの来ないときは、サッサと都電に乗りこむのだが……。

——六時すぎに、美津子さんが車で迎えにくるまで、本牧将棋倶楽部で将棋をさす。

毎日、二十番ぐらいは指すという師匠。壁に有段者の名札がかけてあるが、師匠は顧問ということになっている。

小さん、貞丈さんなどもここの常連の一人だが、師匠のように毎日顔を出す人はすくない。今日は向島あたりのご隠居さんが相手だった。

——新宿末広は、やはり入りがわるかった。今夜はお座敷があるので（……とは口実で、実はテレビの高山－ムーア戦を見たかったのだ）サッサと高座をすませて七時過ぎに帰宅。やりものは「替り目」。

朝太のコトが楽しみでネ

十一月十四日（火曜日）

長崎へ巡業に行っていた次男の朝太《ちょうた》さん（二十三歳、本名強次）が、早朝帰ってきた。相変らず茶の間で、デンとおさまったままラジオを聞く。朝太さんが司会をする文化放送の〝民謡ジョッキー〟だ。朝太さんの洒落が一寸いいと、ヘッヘッへと、眼を細くして笑う。

長男の金原亭馬生さん（三十四歳、本名清）は、すでに落語家として一家をなし、外交官になろうと思っていた強次さんも、結局同じ道を選び、古今亭朝太となった。その朝太さんも、来春には古今亭志ん朝として真打ちになるらしい。

「朝太の野郎がどういうことになるかと思ってネ……」

それだけが気がかりらしい。

「あいつァ線が太《ふて》いからネ、線が太いてえのはいいからネ」

――おひるすぎ、奥さんと一緒に、車で釣り堀「小春園」へ。

京成線高砂駅の近く、中川を土手一つ越したところだ。周囲に、白や黄の野菊が咲いている。

あるじに特等席を提供されて釣り糸を垂れた師匠は、あせるでもなし、退屈するでもなし、悠然と腰を落ちつけた。

そばで、奥さんはエサをとりかえたり、たばこに火をつけたりで模範的な世話女房ぶり。

三十分ほどして、たっぷり一尺はあるヘラブナをひっかけて嬉しそうに笑った。

もう一ぴき、もう一ぴきと言っているうち時間がきて、四、五ひき釣ったのをビニール袋に入れて電車で帰る。魚は庭の隅の大きな鉄鉢の中に放した。

――茶の間に帰った師匠は、コップになみなみと冷や酒をつぎチョッと舌をしめしてからキューッと一息にのむ。底の方にチョッピリ残した酒を、サッとウナ丼にかけて食う。チビチビ飲むことのできない師匠である。一日の酒量は約一升。

――六時すぎ本牧亭へ。

「釣りにいきましてネ」

と、楽屋で林家正蔵さんに。

「それにしてもナンだネ、魚もまずくなりましたネ、魚だって苦労してますからネ、昔みたいにノンビリしてらんないから、味だって変りまさあネ」

――八時前末広亭へ。ここでも、

「釣りにいきましてネ」

満員の客に「氏子中《うじこじゅう》」を聞かせて帰宅。

「今夜はフナが化けて出るかナ？」

十一月十五日（水曜日）

きれいに晴れた七五三日和《びより》。すぐ裏に一戸を構える馬生さんの子供が、全部女で七つに三つに満一つ。朝からみなでやってきて、師匠宅で晴れ着をつける。

着飾ったお孫さんに囲まれた師匠を、門口で馬生さんがカラー・フィルムにおさめた。

師匠、馬生さん、朝太さんと茶の間に残ると、落語家一家の勢ぞろいだ。

庭の池に死んだフナが浮いているのを女中さんが見つけた。

志ん生「こう寒くっちゃァ、フナだって死なあネ」

朝太「ずいぶん死ぬネ」

志ん生「五十メガトンってえやつかネ」

馬生「……どうせ戦争すんなら早いとこやって欲しいですネ」

志ん生「いやネ、いままでの戦争は、なんか取ってくるものがあったからネ、いまァ、戦争しかけた方だってなくなっちまうんだからネ、手が出せやしねえ」

馬生「それは承知の上のはずなんだがネ」

――新宿の高座は、今夜は「黄金餅《こがねもち》」

十一月十六日（木曜日）

ポカポカとあたたかい日。

師匠はめがねをかけて、弟子の朝馬さんと将棋をさしている。三番勝負だなどと意気ごんでいるが、あまり旗色はよろしくない。

「まった倶楽部」という看板を門先きにぶらさげて、小さん、小勝、正楽、リーガル万吉さんなどを呼んでは将棋にコったといわれる師匠のこと。

「ウ、ここにあった銀はどうしたい？」

「さっき、取りました」

「取った？　いけないねえ。待っただよ。なに言ってやがんだい、おれだって待ったしたかアねえんだよ、だけどもオメエ、なァ、そいつがなきゃ困るんだ。返しておもらい申してと、こういくよ、こうくるよ。ん、この勝負もらったよ」

と、まあ、これほどのことはないにしても、いまでも〝ひでえときには五つぐらい戻っちゃう〟のである。

――おひるすぎ、玄関で聞いたことのあるバケツの底がぬけたような声がすると思ったら「お笑い三人組」の小金馬さんだ。今日は紋付はかまでかしこまっている。

「エエ、このたびは金平《きんぺい》が〝二つ目〟になることになりまして、よろしくお願いいたします」

金平さんは、漫画家の西川辰美氏の弟。金馬さんの弟子で、〝前座〟から〝二つ目〟に昇進する挨拶まわりにきたわけだ。

師匠はフムフムと立ったまま軽くうなずいていた。

——二時頃、奥さんと一緒に浅草へ。観音裏の骨董屋・清水本店で道具を見る。もう一軒、早川美術店という小さな古道具屋で、きせるを入れる筒を買う。一閑張《いっかんば》りの品で三千五百円。

それから地球堂という古本屋で、たんねんに落語の本をあさる。なにか出物があるかも知れぬと思っていくのだが、師匠ほどになると知らぬ噺はめったに出てこないらしい。探している「百花園」はなかった。

帽子屋へ寄ってパナマの洗濯を頼み、仲見世を一廻りして観音堂の横を通って帰る。

ストリップ小屋の看板を一寸ふり返って、師匠はエへと笑ってみせる。齢《よわい》七十一、〝あたしゃ昔から女はダメなんだよ〟という師匠だが、このぐらいのいたずらっ気は失せない。

今日は、近来になく歩いた。

本牧でひと休みしたのち、七時前、赤坂のお茶屋の席へ。こういう宴席の客には、手っとり早い「義眼《いれめ》」で十分だ。

新宿では「二階ぞめき」。放蕩息子を心配した親父が、わが家の二階を吉原の張見世《はりみせ》の格子先のように改築するという、なかなかいい噺だった。

帰宅後、浅草で買ったきせるの筒を、似合いのたばこ入れと対にしてみる。こうしたコレクションがかなりある。

「古いもなァいいですな。誰がこういうものを作って、どうしてあたしんとこへ渡ってきたか、考えるのは味がありますな」

十一月十七日（金曜日）

七時半頃ヤマハホールへ。芸術祭参加「東京落語会」だ。師匠のほかに小さん、円生、柳橋、文楽という一流の顔ぶれで、超満員の盛況で、機嫌がいい。

お得意の「火焔太鼓」をたっぷり三十分やって新宿へ。

新宿でも「寝床」ときて、このところ結構な噺が続く。

「芸と商売たあ別ですからネ。芸なんてもなァ、一年に二度か三度ぐらいのもんで、毎晩、芸やってた日《し》にゃあ、こっちの体が参っちまいますからナ」

東京の古典落語が約五百、やろうと思えばどれでもできるという師匠は、高座に上がるまでは、その日になにをやるか決めていないという。

「初めに小噺を二つ三つやるてえと、今夜の客はどの程度か、甘いもんが好きか、辛いもんが好きかってえことが、大体わかりますからナ。医者が聴診器あてるみたいなもんですナ」

桂文楽が楷書の味とすれば、志ん生師匠の噺は天衣無縫の草書体、すっとぼけた、投げつけるような話しぶりには、なんとも言えない愛嬌がある。

将棋は人生と同じなんで

十一月十八日（土曜日）

「法政の学生が〝お直し〟やってくれってえやがんだよ、一体あたしゃあ、なんで法政へいかなきゃなんないんだい」

ブツブツ呟いていた師匠も、口でいうほどいやではないらしく、二時前に法政大学落語研究会の主催する落語鑑賞会に出かける。

金原亭桂太さんがお迎え役。馬生さんに弟子入りして、まだ前座だが、法政落研のOBで、法学部出身というインテリ。

「噺できますか？」

木造の体育館のような講堂に集まった三百人ほどの学生の客の様子を、控室で気にする。

「オメエさんたち、はなし聞きにきたんだろう？　だったら、聞かなきゃわかんねえじゃねえか」

と、わるい客にタンカをきったことのあるという師匠だ。

三百人ほど集まった学生を、全部前の方に寄せ、マイクをとり払ってしゃべる。

「マイクを使うってえと、あたしの声は若く聞こえるらしいんで（笑）、声だけ聞いてるてえますと、ありゃあ二十二、三じゃねえかってえん」（笑）

学生の客は熱心で、師匠はたっぷり三十分〝お直し〟をやって高座をおりた。

三十一年暮、芸術祭賞を得たときのやりものがこれだった。

——三時頃、本牧へ。

「将棋の勝ち負けは、世の中ア渡るのとおんなじですナ。どういうふうにして勝つかってえことと、どうやって世に出ていくかてえのとおんなじですな」

そういっては、将棋をさしにいく師匠も、このところ調子があまりよくない。何にでも勝つという荒木又右衛門を祭った神社のお守りを持っているが……

「いくら荒木又右衛門でも、将棋の強エやつにゃあ、かなわねえよ。やんなっちゃうネ」

本牧では珍しく、二合ほどひっかけて、講談の貞丈さんと一緒に新宿についた。

土曜日とあって入りはいいが、あまり上等の客ではないらしい。

「ノゾクやつやるか」

「義眼《いれめ》」のことを師匠はこう呼ぶ。あわてて義眼をのみこんだ男の尻を医者がのぞくと、向うでもだれかがこっちをにらんでいたという、おなじみの噺だ。

お弟子さんがそれを聞いて、

「ハァ、今夜は、尻《けつ》の客です」

しかし、途中で気が変って、「鈴ふり」というめったに聞けない大変な艶笑譚をやった。

円喬さんはうまかったネ

十一月十九日（日曜日）

「オレのネタ帳知らない？ 青い表紙のヤツさ」

夜行で鳥取へ仕事に行くという朝太さんが、二階から降りてくる。

「オレのを見ていきな」

師匠は、紙入れから半紙の折りたたんだのを出す。たんねんに噺の題を毛筆で書きこんだネタ帳だ。

「なんか十三分でやれるのねえかな？ 〝寝床〟十三分でやれねえか？」

「そんな、勿体ないよ」

と姉さんの美津子さん。

「〝六尺棒〟でもやっときな」

師匠のすすめで、朝太さんは手帳に「六尺棒」と書きこむ。

「……エ？ 〝天狗さばき〟なんてダメだよ。父チャン、常識がなくていけねえ」

と朝太さん。

「〝和歌三神《わかさんじん》〟か……父チャン、これできねえだろ？」

「できるよ。円喬さんがうまかったネ……〝鰍沢〟なんてえのは、天下一品だったネ、楽屋で聞いてて、柱に頭ぶつけて、目ェまわしたことあるんだもんネ……」

「その名人の円喬さんの噺てえのを聞いてみたいもんだネ」

「円喬さんを知ってえるのは、アタシと文楽だけだ」

「父チャン、円喬さんの弟子だったたってえけど、掃除なんかしにいったの？」

「そりゃ、もうオメエ、朝早く出かけてくてえと、もうチャンと起きてるからネ、そいでもって、きせる掃除したりなんかしたん……」

「じゃあ、ほんとのお弟子だったん？……なアんて、父チャン疑ぐられちゃってんだ」

朝太さんは、〝六尺棒〟につづけて〝千早振る〟〝替り目〟〝もぐら泥〟〝豆屋〟〝お血脈《けちみゃく》〟と書きこんだ。

――朝から一パイやったんで、いいご機嫌だ。

東横ホールから三木助追悼に一席やってくれと電話がかかってくる。

「踊りでも踊ってやろうか？　エ、保名《やすな》でも……」

早速手踊りが出る。

「踊れもしないくせに、のむとすぐ、踊る踊るというんだからネ……」と奥さんが笑う。

丈夫一式のカミサンでネ

――二時すぎ、いつものように師匠が本牧へ出かけてしまうと美津子さん、奥さんは、お弟子の今松さんに肩をもんで貰いはじめる。

老体の師匠も、将棋に行ってるぶんには心配はない。

「若いころは、勝負ごとにこって、外から帰ってくれば外套をとられている。珍しく外套を着て帰った、ヤレヤレと思うと、外套の下はシャツとステテコという調子でしたからねエ。そりゃ、ずいぶん苦労もしました」

〝カミサンの鑑《かがみ》〟と落語家仲間でいわれる奥さんである。「丈夫一式がとりえでネ」と、師匠も奥さんには一目も二目も置いている。有名な〝なめくじ長屋〟での貧乏生活も今は昔、ただ、そういうドン底に生きる人の何とも言えない人情味を思い出すだけだ。

毎日の定席の高座と放送関係が月に五〜十回。それにお座敷がある。十八で名人円喬に弟子入りしてから、朝太という芸名をふり出しに、名前を変えること十六回、五十年以上も落語を続けていれば、もうそろそろ楽隠居をしたいところだが、そこはそれ、途中でおりることのできないのが芸の道である。

さんざやりたいことをしつくして、いままさに功も成り、名も遂げたというかたちの師匠でもある。

――末広の楽屋では、小勝、正蔵、貞丈さんらと大火鉢を囲み、絵、将棋、奇人の話と花が咲く。

「だからね、われわれ商売だっておんなじでね、何でもとにかくやって、それでもってやってるうちに、おのずと自分のとくいのものができて、それに落着いちゃうんだよ」

今夜は「宿屋の富」。

九時二十分帰宅。テレビを見て、一ぱいひっかけ、赤飯をちょっとつまみ、床に入る。

昨夜とも一昨夜とも同じ、そういう夜のひとときだ。

「紫綬褒章？　そうだってね」

落語の古今亭志ん生師匠が、このたび紫綬褒章をうける。そのお祝いの言葉をのべたら「そうだってねエ」というまるで他人ごとのような返事で驚かされた。

三年前、読売巨人軍の優勝祝賀会で一席うかがっている途中倒れた。脳出血である。病癒えた後、体が不自由になった師匠は、従来の見せるはなしから聞かせるはなしにかえた。

〝志ん生〟という名前に落ちつくまでに、十六回も名前をかえた。芸人が芸名をかえるのは得なことではない。その理由は「なにしろ借金取りに追いかけられてねエ」ということになる。

高座に出られない時代があった。納豆売りをやった。高座ほど大きな声が出ない。知ってる寄席へ持っていった。楽屋の連中が買ってくれた。甘納豆だと思っていたのだ。あけてみて驚いた。

その酒好きは知る人ぞ知る。なにしろ、関東大震災の時「東京中に酒がなくなるんじゃねえか」と思って、酒屋へ走ったというくらい。あとで奥さんにえらく怒られた。将棋好きなことも有名。将棋連盟から名誉三段の免状をもらっている。師匠に言わせると〝やりくり算段〟ということになるのだが。

〝名人〟と言われるだけあって、座談もたくみ。ゆっくり間合いをとって話す。思わずこちらがひきずりこまれる。

――紫綬褒章をお受けになるそうだがご感想は。

(まるで他人ごとのように)「そうだってね。あたしもね、それ聞いて驚いてんですよ。昔なんざア落語ッてもなア、ごく一部のしとしか聞いちゃあくれなかったからね。田舎へ行くてエと、ハナシカとカモシカを間違えやがって、鉄砲持って出て来たりしてね。いや本当のはなしなんですよ。今はもう、大衆の皆さんが聞いて下さって、なんですね、そのオご褒美を下さるってエのも、落語が認められたからってこってしょうね。ええ、そりゃもう有難いこってすな」

――吉原復活の署名を頼まれたら。

(即座に)「そりゃもう大《おお》署名ですよ」(いささか憤然として)「一体だれがあんなつまんねえものをこさえやがったのかねエ。廓ってエとこは、いいですよ。悪い奴がすぐつかまる……。てエいいますのはね、あすこは大門が一つきゃねエんだ。だから悪い奴がへえったって情報が入りゃ、その門を締めちまう。だいたいどんな奴がどこへ上がったか、なんてエことはすぐわかっちまうからね。悪いことした奴てエのは、良心に責められてああいうとこへ行きますからね。たいてい吉原あたりでとっつかまっちゃう……」

——新興宗教に勧誘されたら。

(こちらを向いて)「へエーそんなもんあるんですかい。へえりませんな」(とてもしつこくすすめるんですよ、と説明したら)「いくらひつこく言ったって、へえらないね」

——明治、大正、昭和で最もよかった時代は。

(目をつぶって思い出す風情。やおら)「なんですなア、やっぱり大正で震災前ごろでござんしょうね。なんてったって昔は、のんびりしてましたからね。飛行機なんて言って、人間が空を飛ぶんだなんて言ってましてね、『なに、ベラ棒め、人間が鳥みてえに飛べるわけがねえじゃねえか』なんて言ってた時代ですからね」

——嫌いな食べ物。

(うなずきながら)「それがおおありなんでしてね。だいたいあたしゃあ、刺身とか塩から、納豆なんてエものが好きなんですよ。バタくさいものが嫌えでね。よくパーティーなんぞ呼ばれますがね、あたしゃ行きません。かわりのものをやるんです。だって食えねえんだから、仕方がねえや。いやなにも、西洋のものがいけねえと言ってるんじゃありませんよ。オリンピックをそれで見てましてね」(とあごでテレビをさして)「体操なんざ、いいですね。うめえもんだ。だからいいものは、いいんでね。ただ西洋のものが食えねえだけですから」

――夫婦喧嘩の仲直りの仕方は。

（サッと）「そんなもの、しやあしません」

――高座の途中で、話を忘れたことは。

（首をたてにふって）「そりゃあ駆け出しのころはしょっ中ですよ。でえいち、高座へ上がってて、お客さんの顔が見えねえんですからね。落ち着こうと思って右手に置いてある土びんをとって、左手にもった湯のみへお茶をつぐ。ところが、お茶が湯のみにへえらねえで、ザーザーこぼれてる、てなもんですよ。お客さんだって何の話かわかりゃしないですよ。だってしゃべってる本人が、何しゃべってるかわからねえんですからね。だから次の寄席へ行くと、もう明日からにしようってことになる。明日になるとまた明日からってね、『そんなことじゃお前さん一人前になれないよッ』って裏方さんに怒られたりしましてな」

――もう一度生まれ変わるとしたら。

（首をひねって）「やっぱりハナシ家になるでしょうな。ハナシが好きですから」

――大山名人と升田九段では、どちらが好きか。

「あの将棋の？」（とえびす顔になって）

「升田さんとは二、三度お目にかかってお話ししたことがありますが、大山さんはお会いしたことありません。まあ、大山さんの方が升田さんより強いようですが、あたしゃ升田さんの方が好きだね。将棋てえのは、あたしも好きで、しまなときゃよくやりますが、……ありゃ頭の働きにいいやね」

――バクオはある方か。

「えっ」（と聞き返して）「バクチですか、あたしゃもうガキのじぶんから花札なんぞしいてましたけれども……あんまりうめえ方じゃなかったな。バクチっていやあ悪く聞こえますけれども、今だってやってまさあね、パチンコだとか、競輪だとか……。女遊びなんてものもそうですけれど、こりゃみんなハナシに出て来ますからね。なんだってやってないとハナシは出来ねえんですよ」

――朝帰りの弁解法は。

（当たり前と言った風に）「そんなもん、しやしません。だいたい嬶《かかあ》に気がねしながら、遊びなんか出来やしねえよ。あたしゃ嬶をもらった翌日『チョーマイに行くから金エくれ』てんで、吉原に行っちゃった。そのあくる晩は『おい、今度はモートルだから』ってまたいくらかもらってね。チョーマイってのは女郎買いのことで、モートルってのはバクチのことなんですよ。だってねエ、仲間が呼びイ来るんだからしようがない。あとで聞いたらチョーマイだの、モートルだってエのは仲間の勉強会のことだと思ってたらしいんですがね」

――現在の酒の量は。

（ポツンと）「せいぜい、二合か三合ってとこですね。もうバクチを打つじゃなし、女遊びをするわけでもねえし、酒は飲んじゃいけねえって言うし、もうおあしもそんなに

欲しくはないねエ。まあ、時々、好きなハナシをするくらいで……」（とちょっと寂しそう）

——乞食が千円札を数えているのを見たらどう思うか。

（淡々と）「いや、そういうのは、わたしゃ構いません。若くって、威勢がよくて、遊びたくってしようがない時ならね、ちったあうらやましいと思ったかもしれねえが……」

——現代のプレイ・ボーイについて。

「昔のですか、今の？」（と聞き返して）「今のこたあわかんないねエ。昔は、こうっと、遊びってものにも人情がありましたな。男が女のために裸になる、なんてエのはザラでね。羽織とかコートとか着てるもんを質に入れて、女の許へ通うんですな、するてエと、女の方でも放っちゃおきませんや。まあ、そこには何とも言えない情緒がありましたな。あたしなんざア、五十銭玉一コ持って遊びに行くでしょ、財布をポーンとあずけといてあくるしになって、帰りに財布をみてみるてエと、五十銭玉がちゃーんとへえってる。嬉しくなっちまって、またその銭イもって遊びに行くってんで、昔は、よかったですな」

——コインを入れると何でも出て来る自動販売機であらわされる現代文明評を。

（首をふって）「わかりませんな。あのオ、ジュースの出てくる奴ありますな。あれ飲んだことがありますよ。のどがかわいた時、便利ですな」

――あなたの強情は有名だが。

「ン」（とうけて）「あたしゃね、酒は一人で飲むんですよ。あるじい一ぺえやってると、あたしの顔を知ってる人でしょ『よオ師匠、一ぺえいこう』てエから、『あたし、やってますから』『まあいいじゃねえか』『いや結構です』『どうしても飲め』『いや飲まねえ』てんで、表イ飛び出して、車イのってけえっちゃった。ひょいとふり向いたら、そのしとかんびんもって、追っかけて来やがる。あたしも強情だが、そのしとも強情だったねエ」

――童貞で結婚する若者に対して。

（しみじみと）「ああいうもンがなくなっちまったんで、可哀想だね。昔はああいったとこで、いろいろ教《おせ》えてくれたもんですよ。若い嫁さんは何も知りませんからねエ。教《おせ》えてくれったって、教《おせ》えてくれるところはねえし……」

――借金のうまい断り方。

（すまして）「そりゃもう、ないって言うより仕方ねえでしょう」

古今亭志ん生という男性

とにかく、若いときの貧乏暮らしというのはたいへんなものだね。飲む打つ買うの三道楽の限りをつくして、よくまあ生きてこられたと感心させられる。

しかし、芸というのはありがたい。ほかの世界じゃ、とても通用しない生き方も、その道ひと筋が、やがては実を結ぶ。

人間、長生きしなきゃいけないね。紫綬褒章をもらったりした最近の志ん生師匠をみていると、ほんとにそう思う。七十四歳。

ズバリ質問――吉原をなくしちゃったのはいけないね

ヒルに会う約束で日暮里の自宅を訪れたら、「酒ェのみすぎてねむくなった」と寝ちまった。そこで夕方、浅草演芸場の楽屋。顔がクシャクシャッとしているわりにツヤがいい。特に頭の光沢はいい。三十分たったら「もう、いいだろう」。天衣無縫なんてもんじゃない。

――クンショウとお金とどちらがいいですかねえ?

(バカなことというなという顔)「金にもよりけりだねえ。子どもの時分、クンショウってよくいったもんだね。なにしろはじめてですからね、名誉として結構ですね」

――佐藤、河野、藤山のうち総理として誰がよろしいか?

(興味なし)「わたしらにゃ、わかんないですね。三人のうちで、こうっといえる人ないでしょう」(間)「政治家でも、やっぱし当たりのいい人がいいね」

――諸物価の値上がりはひどいと思いませんか?

(めんどくさい)「食わなきゃいいんだよ。買わなきゃ安くなる。上がったら上がったなりにするからいけねえ。結局はガマンが足りないね。戦争時代のこと考えたらいいんだよ」

――オリンピックでは何がよろしかったか?

(ここでなごんで)「体操ですね、細いとこ渡っていくとこ(女子体操の平均台のことだね)がよかったね」(ぐっと口をまげ、調子がでる)「柔道でこっちがやられたのはアタマにきたね。なりが小せえとか目方がちがうなんて、柔道のアレじゃないですね。痩せたひょろひょろした奴が、オニみてえな奴を投げるのが柔道だよね」

――トルコ風呂がハヤっているそうだが、ご意見は?

(ニヤリときて)「トルコ風呂てえのは、おんなにどっかさすらしたり揉ましたりして、寝るというのはねえんでしょ。オカズを食ってメシがねえようなもんだな。それじゃ、食ってもなんだか食いたりないねえ」

――売春禁止法はいけませんか？

（うなずいて）「吉原をなくしちゃったことはいけないねえ。だから若いもんは、おんなをみるとすぐ悪い了見をおこすんだな。それに、金の値打ちがなくなったねえ。せんは金もってけばおいらんが自由になった。いまじゃそうはいかないやね。ああいうところがあって、人間にはじめてやわらか味ができる、つきあいができる、ガマンができる、呶鳴《どな》ったりするのはヤボの骨頂だからね」

――風情あるおんなの姿は？

（快調）「立って向こうにゆきながらね、男の方をちょっと見る目が風情あるね。おんなが電話をかける後ろ姿はいいのがありますね。〝白タビの裏を見せてる電話口〟ね。ちょいと立ちながら帯を気にしておさえるときね、おんならしいとこありますね」（間）「ものがあくどくいっちまうとダメですね。あたしゃ、どうも向こうのキッスなんかやだね」

――いちばん腹のたつとき？

（目がじっとみて。だいたいこの人、目玉を動かさない）「人が事故で何人も死んだりするのあるでしょう。できちゃったことはしょうがないといわないばかりだね。まことに申しわけないといわれたって、死んじゃってんですからね」

告白的自伝——お巡りの子がなぜはなし家になったか

あたしの本名はてえと美濃部孝蔵てんで、明治二十三年、東京・神田亀住町で生まれた。おやじの代まで徳川直参で三千石のさむらいだったが、おやじの商売はてえと、警視庁の「棒」、つまりお巡りさんですよ。

五人兄弟の末ッ子でしたが、まったくの道楽者で、十歳《とお》にもならないうちにバクチは打つ、わるさはする。尋常四年生で小学校は退学、あっちこっち奉公にだされるがすぐ帰っちまう。朝鮮にもやらされたが、やっぱし帰っちまった。

数え十八のとき、金にこまっておやじの金ギセルをなにしちまった。おやじが槍で突っ殺すてんで家をとびだし、橘家円喬師匠に弟子入り、そのまま落語家になっちまった。最初の名前が三遊亭朝太てんですが、そのあとが三遊亭円菊、古今亭馬太郎、隅田川馬石、金原亭馬きんとなって「真打」の看板をあげたんですがうまくいかない。古今亭志ん馬になったところで講談の芦洲（先代）に弟子入りして小金井芦風。またはなし家になって古今亭馬生、柳家東三楼《とうざぶろう》、ぎん馬、甚語楼、古今亭志ん馬、金原亭馬生、昭和十四年に志ん生五代目をついだってわけですが、借金取りに追っかけられて仕方なくかえたってわけなんです。

うちのかかアといっしょになったのは、大正十二年、あたしが数え三十三ぐらいのときでしたが、ヒイキにしてくれた人が「女房をもらえ」としきりにすすめる。「あたしゃ芸人だからといって売れてるわけじゃアない。ないないづくしで、そのかわり飲む打つ買うの三拍子、それが承知ならいいけど、そんなもの好きな女って、あるのかね」

それがあったんだね。清水りんてえ名前で七つ下。いくらかの金とタンス、長持に琴なんか持ってきたが、家にあったのはたったひと月半、みんなあたしがスッカラカンにしちまった。

ひでえ貧乏暮らしだったね。住まいも転々。最初、稲荷町の床屋の二階に世帯をもったが、それから田端、笹塚、笹塚はだけど四回引っ越した。それから業平の「なめくじ長屋」、ここを出て浅草の永住町に引っ越したのは昭和十一年の二・二六事件の日でした。そのあと神田神明町、道灌山、二十七年に、いまの日暮里に落ちついたてえわけです。

金ェなくても子は育つてえわけでもありませんが、大正十三年、長女の美津子、つぎに喜美子、清（馬生）が、昭和十三年の陸軍記念日に強次（志ん朝）が生まれたってえわけですが、清のときなんざア、鯛焼きでお祝い、産婆がおどろいていましたよ。

終戦ときは満州で、いつ殺されるかわかんないし、ゼニはないし寒くてしょうがない。どうせ死ぬならウオツカのんで死んでやれと、六本ばかりグイグイのんでぶったおれたが、死ねなかったね。しかし、腹ン中ア火事のようで、その苦しさったらありゃしねえ。

酒なしでは――ひっくりかえってもこれだけはどうも

三年前、巨人軍の優勝祝賀会に、余興をたのまれてしゃべっているとき、突然、気持ィわるくなってひっくりかえった。脳出血だった。血をガバガバ吐いて、新聞にも〝志ん生危篤〟なんて出ていたが、心臓がひと一倍丈夫なために奇跡的に助かった。手足は不自由になったが、うまいぐあいに口はなんともない。かえって、芸に渋味が加わった、なんていわれるからありがたいね。

日暮里の家には、志ん生夫婦と長女の美津子さん、それと志ん朝、内弟子の古今亭志ん駒が住んでいる。志ん駒てえ人は、二十六歳だが、海上自衛隊に六年いたのを、どうしてもはなし家になりたいてんで、強引に弟子入りした。隣には長男の金原亭馬生が住んでて、三人のお孫さんが毎日遊びにきている。目下、志ん生一家は、いちばん幸せなときである。

病気ィしてから、もう酒ともお別れかと思ったけど、酒ェのまないと、どうしても体の調子がよろしくない。腹ァ痛いときでも、一パイやるとおさまるから不思議だ。家のものも、「朝は、お酒をやめなさい」というのだが、起きてくると、「どうも風邪ぎみだ、風邪ぎみだ」「いつも風邪ひいてるじゃないの」「ウーム、なかなか癒《なお》らねえ」てなぐあいで、朝、昼、晩と一日三合。

しかし、そうそう深酒もできないので、目下のたのしみは将棋である。弟子を相手に一日、七、八局、多いときには十局もさす。これがたいへんな将棋でまったをかけて、四、五手も先に戻させる。負けると機嫌がわるいんで、そこはみんな手ごころを加えて、師匠に花を持たせているが、なかにはカッカッする弟子がいて、なかなか引き下がらない。師匠もカッカッだ。あんまり頭を使っちゃ、体にわるいと注意すると、「ばかやろう、将棋に頭なんか使うけえ」

なめくじ長屋――足に吸いつく五寸ぐらいのヤツ

師匠の「なめくじ長屋」てえのは有名だね。いろんなとこに書かれているから、もういいようなものだけど、やっぱしこれが出て来ないとはなしにならない。

昭和六年から二・二六事件の日まで、足掛け六年、本所・業平の三十軒長屋に住んだけど、ここがたいへんなとこだった。家賃はタダだったから引っ越したものの、埋立地だから雨が降るとすぐ水が出る。蚊ァいるし、それもいるなんてものじゃない。口ィあけてると、束になってとび込んでくる。

年じゅうジメジメしてるからなめくじが出る。出るの出ねえなんてえ生やさしいものじゃない。それも五寸ぐらいある奴で、足ィ吸いつくとチクリとする。そんなのを、毎朝、十能《じゅうのう》にしゃくっては、近くの川に捨てにいった。夜なんぞ、なめくじがピシッピシッと鳴く。

そんな暮らしをしながら、三道楽のほうはますますおさかん。吉原にくり込んで、銭イなくなると、お女郎を集めて一席しゃべり、小遣銭にしたってえから、吉原なんてなァ、てめえの家みたいだった。

酒にしたって、朝、昼、晩、それに夜中の三時と、しめて一升、こいつは冷やでコップであおる。大震災のときだった。グラッときたとたん、「あ、東京じゅうの酒がなくなっちまう」とばかり財布をつかんで酒屋へとび込んだ。「酒ェ売ってくれ」「勝手にしろい」てんで、二升ばかりぐいぐいとのんで、カラの一升ビンに二本詰めて、「アーコリャコリャ」

酒ァ好きでも、さしつさされつなんて嫌いだね。飲み屋で知った顔に会って、「師匠、まあ一パイ」といわれてもけっして相手にならない。無理にすすめられると逃げ出しちまう。

このおカミさん——チョーマイ、モートルを知らずに

おカミさんてえ人が偉かった。偉かったというよりデキすぎていたのである。早稲田の下宿屋の娘さんだったが、早稲田の学生とでもいっしょになればいいものを、志ん生師匠といっしょになっちまった。縁とはふしぎなものである。

そのころの師匠てえのは、まだ頭に毛がふさふさしていたし、息子の志ん朝に似ていい男だ。鉄道に勤めていたおとっつあんが見てきて、「おとなしそうな男だから、お嫁にいってみな」ということになった。見合いしたのがおとっつあんで、娘さんは一度も

相手を見ないですんなり嫁にいっちまった。

いってみておどろいた。世帯道具なんて、何一つありゃしない。押し入れをあけるとボロつづらに、古新聞と、タビやふんどしのよごれたのが突っ込んであるだけ。それだけじゃない、嫁にいったあくる晩には、「おい、ちょいと、チョーマイにゆくから金ェくれ」。きっと仕事のことだろうと思って、小遣いわたして下駄ァそろえてやる。

そのあくる晩になると、「おい、今夜はモートルだから、いくらかたのむよ」。ずっと先になるまで、チョーマイというのが女郎買いで、モートルがバクチということを知らなかった。

貧乏のどん底なんてものじゃない。なにしろ、三道楽も四道楽もそろった亭主である。仕立物の内職を引き受けると、あずかりものの品物を、ちょいと質屋に入れちまう。

ながいガマンの歳月だ。「いったん嫁いだら、家の敷居をまたいじゃいけない」。昔の人はそうだった。それに子どももいた。子どもがいても食わせる米がない。大豆を煎《い》って食べさせるんだが、腹ァくだして仕方がない。物心ついた長女の美津子さんが、「おかあちゃん、こういうの食べさせてェ」と、マルに一本棒を描く。麦を食べさせてくれという。「泣けて泣けて仕方がなかった」と、りん夫人はいまでも涙ぐむ。

続・ズバリ質問——人と争わない、不平いわない、仇を恩で返したいね

——師匠の信条は？

（淡々と）「人と諍《いさか》いをしないということが第一番でしょうな。めんどくさかったら寄りつかないようにしてる。盾ついてそうしてるのは、自分の身を亡ぼすようなもんだなア。〝売るケンカ買わぬがもうけ高いゆえ〟という歌があるね」

――いまの若いもんにいいたいことは？

（弟子にいうように）「不平いうことをなしにすることですね。人がオレのことをこういうふうにしたんじゃないか、そういうこと考えないことですね。〝仇を恩で返す〟っていきたいね、そうすれば物事はいいですよ。ああいやがった、こんちくしょうじゃいけないね。一生懸命やって、お前さんがあったからこうなったというふうに恩を返したいですね。円朝さんがそういうことといいましたよ」

――テレビではなし家が顔にスミを塗りっこしてるが、邪道じゃないですか？

（ケロリ）「ありゃね、スミ塗るから客がよろこぶ、みせもんですね。昔からあるんですよ、大一座といってね。あれはみんなで余興でやるんですからね、芸じゃないですよ。それも道具の一つですよ」

――尊敬する芸能人？

（しんみり）「自分の師匠、円喬を尊敬してましたね。芸がうまかったですよ。その反対に敵を受ける人でしたがね、敵を受けても芸でたたっ斬った人でしたよ、早死しましたよ。役者では六代目菊五郎、播磨屋（中村吉右ヱ門）、羽左衛門（先々代）ですね」

――落語の将来？

（すんなり）「これでやってけますよ。くずさないでやっていけますよ。ただ、ネタにつきちまうというのがいちばんいけないですね、食べ物がみんなおんなしになっちまうから。それと、うまくさえやればいいんだね」

対談

古今亭志ん生の巻

徳川夢声と

禁酒と停酒

志ん生　あなたがね、お酒を飲まないてえことは、わたしゃ大変嬉しいね。もう飲んじゃいけませんよ（笑）。

夢声　こりゃ驚いた。師匠が、そういう御意見とは気がつかなかったなァ。飲まないとは話せねえなんて、云われるだろうと思ってたんだが。

志ん生　だって、あなたが止したてのは、身体が何処か悪いからでげしょう。わたしもね、何処か悪かったら止しますね。ちゃんとそう決心をしてますよ。だが、いまだに何処も悪くないでしょう、――ね、お医者から、何処が悪いから止しなって、そう云われたら、とたんに止めようと思ってるんですが、――そこまでは飲めるだけ飲む決心なんで。

夢声　いや、結構な決心、ブシはそうありたいね（笑）。僕はね、パン・パン・パンと三度、胃潰瘍で入院した、そこへもってって今度、レントゲンでジャンと来たから、もうイケナイ、当分停酒と定めた。

志ん生　つまり禁酒でがしょう？

夢声　いや、キン酒に非ずテイ酒だ。禁酒とあっては永久に飲めない。これは停酒だから即ち停電と同じこと。いつまた来るか分らないって訳だ。

志ん生　そりゃズルイよ、先生。

夢声　別にズルかないよ。正直なんだね、つまり。ウソがつけない。その代り、もう十年位先に行って、また飲むです。

志ん生　おッ！　あと十年なんてモツつもりですかい？（笑）

夢声　いや、別にそれほどのツモリもなければ自信もないがね。なァに実は十年に限らない、五年先かもしれない、三年先かもしれない、まごまごすると今夜から飲むかもしれないんだ。

志ん生　オヤオヤ。

夢声　なにも医者から〝飲んじゃならん〟と云われたわけじゃないんだ。ところがね、こいつ貯金がたまるみたいなもんでね、もうこれで一年と約六ヵ月、足かけ三年飲まないってことになるんだが、この飲まない日数が殖えてくというものは、なかなか楽しみなもんだ。やはり一ツの記録をつくる気もちだね。古橋が新記録を出すと日本中が喜ぶだろう、アレです。私は、自分で新記録を出して喜んでる（笑）。

志ん生　結構ですナ。酒をやらないてえと、いろいろ食べられるでしょう、御飯なんか？

夢声　御飯は三度とも食べられます。

志ん生　それが好いんだな。わたしゃ残念ながら、まだそういう病気にならねえから、今もってこうやって飲んでる。

――と師匠は、コップにナミナミと注がれた黄金色の液体を、グビリとやる。

志ん生　ほんとうは、好い加減で止しちゃったらと思うが、それが出来ない。ヒト様は、さも美味そうに御飯を召上がる。わたしもそういう風に食べたいと思うが、ダメなんだ。

先代志ん生無茶飲談

夢声　そりゃ私もそうだったな。酒を飲むと、御飯なんてものは、見るのもイヤになってくる。

志ん生　まァね、冗談はとにかく、もっと生きて居てもらわなくちゃ。飲まないですむもんなら、飲まないで戴きたいね。私の師匠なんかも、やっぱり飲み過ぎの、胃潰瘍で、あんなに若くてイカレちゃったんですからね。

夢声　馬生さん？

（註――吉井勇氏の戯曲に所謂〝句楽もの〟という一連の作がある。その中の句楽は先代の蝶花楼馬楽を、小しんはその頃の小せんを、焉馬はこの馬生〔志ん生〕を、それぞれのモデルとしたもの。小助六・志ん馬・馬生・志ん生など芸名が変った。）

志ん生　そう。実に乱暴な飲み方をした人で、初めどうも胃が苦しいというんで、大学へ行って診てもらったが、若い先生だったもんで、何デモナイジャナイカ、神経ダヨと云われて、帰ってくると大変なサシコミ。日比谷の胃腸病院の南さんへ行って診てもらった。その時、診察がすんで出て来た顔ったらない。〝胃潰瘍だ。俺はもうダメだ〟ってわけでね。家に帰ってすぐ入院しろってわけだが、二等しか空いていない、どうも一等でなけりゃイケナイのなんのとゴテてると、玉輔（註――多分これは二代目玉輔。初代五明楼玉輔は明治中葉の頃、落語界の重鎮たりし人で、松井翠聲君の祖父也。）が、二等でも三等でも、入院しなくちゃダメじゃないかと、――玉輔は兄弟子だったもんで、構わず入院さしちまった。ところが入院して二日ばかり経つと、院長さんの厳命で面会謝絶、――何しろ芸人は来る、芸妓は来る大変な騒ぎだったんでね。盲目の小せんさんが、こんなあんばいで（この辺、よろしく高座の如き身振りあり）見舞いに来て〝しっかりしろよ、今、お前が死んだら落語はどうなるんだ、とにかく、お前と俺の二人きりじゃねえか〟と涙を流したりしたんだが、その小せんさんの方が先に死んじゃった。ところで、そんな大騒ぎをして、入院してたのはたった一ヵ月ですよ。院長は未だイケネエと仰言るのに師匠はモウ癒リマシタヨと云うんだ。院長も仕方がないから、ヨロシイ、癒ったんなら退院もヨロシイが、一旦、ここの門を出てから、再発しても入れませんよ、と云われましてね、クレグレも養生談を聞かされて出て来た。すると、退院したその晩に、もうチビチビ飲んでる。高座にも当分出てはいけないって、絶対ナランて云われてたんだが、セキ（寄席）の方で放っておかない。病院の方には内証で、ポツポツ出た。そんな滅茶をやりながら、それから十年間、押し通しちゃった。少しゃあ悪い時があっても、院長さんの手前、ヤセ我慢を張ってた。それがいけなかったんですね。さて、十年目に再発したとなると、もう手がつけられない胃袋になってやがった。

臨終の一席

志ん生　その時（胃潰瘍再発）は、もう胃がトロケちゃって、ひどかったね。痛むもんだから鈴木（ドクトル）さんに来てもらった。〃師匠は胃潰瘍をやったことがありますか〃と聞くんですよ、私に。ところが師匠は、胃潰瘍をやったてえことを、鈴木さんに云っちゃいけねえと云うから、どうも仕方がない、いえ師匠はその病気したことはありませんと云うと〃それでは腸が捻れたんだ〃てことになった。

夢声　ははァ、腸捻転だな。

志ん生　だから〃早く腸さえ切れば、これは癒ります〃てんで、病院で手術することになった。あとから考えると、あっさり胃潰瘍と云やあ好かった。どういうものか、師匠はそれを隠したがったんですね。で、愈々《いよいよ》、麻酔をかけて、ヒイ・フウ・ミイと数えまして、六十幾ツか云うてえと、バッタリ（眼をつむってバッタリとなる仕草あり）。さては、愈々利いたな、と思っていると驚きやしたね、急に〃ええ、一席、お笑いを申上げます〃と、落語を始めました。

夢声　何をやりました？

志ん生　「雑俳」をやりました。それがね、とてもハッキリした好い調子でね、高座の通りなんだ。看護婦なんかゲラゲラ笑ったが、こっちは笑うどころじゃない、もう情けなくなっちゃって、涙がポロポロ出たね。

夢声　そりゃそうだろう。

志ん生　それから切っちゃった。切ったら腸は何んともないじゃないか、オカシイというんで、胃の方を切って見たら、――胃はドロドロ、海鼠みたいになっている。

夢声　ふムムム！

――同病で入院三回の記録保持者である私は、そのドロドロの胃袋を、自分自身のソノ場所に置いて見て、イヤな気もちだ。

志ん生　然しね、麻薬をかけられて、その時師匠が落語をやったてえことはエライと思うね、そりゃ云いたいようなことは色々ありまさァね。二号のことや、金のことなんかね。それを、そういうことは一言も云わないで「雑俳」と来たのはエライ。それで死んじゃった、翌日。

夢声　ふムム。名残りの一席が「雑俳」だったか！　どういう心理だったんだろうな、胃潰瘍を云わせなかったのは？　判るような気もするんだが。

志ん生　十年前に退院する時、南先生から云われたこともありますしね、うっかり胃潰瘍だと云って〝助カラナイ〟と宣告を受けるのがイヤだったんですね。それに、もしかしたら、他の病気じゃないか、というたのみがあったんでしょう。

――これから一しきり、落語家仲間の病気の話、死んだ話。

志ん生　そこへ行くと私は、毎日、酒をくらって今年六十になるんだが、まだ何処も悪くない。だから養生をして胃なんか悪くしてる人を見ると、なんとも申訳がない。

八十歳から飲むべし

志ん生　この間、私のところへ歯医者の人が来て、私をつくづく見てね、あなたの皮膚はまだツヤツヤしてるし、それに何よりも目がシッカリしてる、人間てものはね、この目が大切です、いくら身体は丈夫のようでも、目がトロンとしたらダメだ。魚でもなんでも、目が変テコになったらダメだ、――そこへ行くとアナタはまだ眼が生きてます、と云やがるのさ、はッは。
――と師匠は、大いに目のシッカリしてるところを自慢するのであったが、私の見るところ、少しもシッカリして居ない。大いにトロンとして、聊《いささ》かイキの悪い魚みたいな傾向がある。
夢声　いくら生キテルと云っても、やっぱり年をとるとダメなんだ。私はね、元来やさしい顔じゃない。電車の中なんかで、お隣りに赤ん坊が居ると、ベソをかいたり、ムシを起したりしたもんだ。それがね、このごろ赤ん坊が、私の顔を見てニコニコ笑うようになっちゃった。こいつはね、実は、あんまり有難くないことなんだ。つまり目玉が恐くなくなったんだな、私の。鏡をよく見ると分るんだ。年をとるとね、白眼と黒眼との間がボカシになる。黒眼が少々怪しくなって、トロケてるんだね。若い時、はこのボカシがなくて、白と黒がハッキリしてる、だから睨みが利いたわけだ。どうも、子供がなつくなんてのは、ニラミが利かなくなった証拠で、あんまり好くないね（大笑）。

志ん生　大体、子供がなつく顔は、大して好いシロモノじゃない、子供にナメラレてるんだからね。まァ好うがすよ、お酒を止められたてえことは。とにかく八十位になったら、また飲むんですね。なにも、死ぬまで飲まないという法はない。

夢声　八十というのは、どういうところから割り出したね、師匠。

志ん生　私の大先輩でね、S的って爺さんが居ますがね、こいつ当年八十九歳、身体は動かねえが、まだ丈夫でね。

夢声　動かねえで丈夫てのは困るな（笑）。恐ろしく皮肉な人で、随分、みんなあの毒舌じゃ悩まされたという話だが――。

志ん生　そうなんですよ、だから八十位からは飲んだ方が好うがす。

――妙な論理だが、分るような気もする。

志ん生　好い加減のときに、人間は死ぬ方が、お互いのためだね。然し、それまではあ、生きてる方が好うがしょう。私なんかもね、まだ死ぬのは少し早すぎるようだな。こないだもね、酒はとにかく煙草はニコチンが毒だから用心しな、といわれてね、それじゃあ刻ミでも吸おうかと云うと馬楽が〝今更ニコチンの毒も笑わせる、もう六十一にもなってりゃ、毒も薬もあるもんか〟って笑やあがるんだが（笑）。

夢声　そりゃ、そういうもんでない。やはり貯金がたまるのと同じで、六十過ぎたら七十、七十過ぎたら八十と数を増やしたくなるもんだね（笑）。

大器晩成？

夢声　時に、このごろ、お酒の味だけは、いくらか昔に返ったようだね。

志ん生　まさにそうですね。金さえ出しゃあ、どんな酒でもある。もっとも、そのカネが問題だけど。実はね、今日も昼間から飲まされて、此処で三軒目だよ。

夢声　あ、道理で目玉がオカシイと思った。さっき大いに目玉の自慢をしてなさったが、あんまり自慢するほどじゃなかったからね。

志ん生　御明察、恐れ入り……（笑）。

夢声　ひとつ、何か若い時分の話を聞こうかな。随分、師匠はこれで、売り出しが遅れた方だからね。

志ん生　えェ。

夢声　大変な遅れ方さね。志ん生になったのは幾ツ？

志ん生　五十二ぐらいの時だね。

夢声　その志ん生になってからだね、売り出しは。

志ん生　何しろ三十年ぐらいノソノソしちゃったからね。

——このところ、流石に一寸シンミリ。五十二歳から、生涯の春が来たとも云える。もっとも、その前の馬生時代から、キヤキヤと来始めたのではあったが、俄かに大家の貫禄が備わったのは、志ん生襲名以来である。

志ん生　あれで小勝さんが随分遅かった方だね。やっぱりあの人も五十幾ツからだった、人気の出たのは。それから八十二まで人気が落ちなかったからね、エライよ。

夢声　師匠も八十二までやるんだな。

志ん生　それはトテモ、これから二十何年とは、私ゃモタナイ。まあ、あんな人は珍しい。普通じゃありません。いくら年をとっても、あの人にはテリがありましたよ。

（註——三升家小勝師匠は、昭和初頭のころ、落語界の最高峰と云われた。生前、当人も云って居たが、コカツと粋《いき》に読む。ショウカチと読むベカラズ。）

夢声　とにかく高座の明るい人だった。あの年寄りで〃いようイロ男！〃と声が掛ったからね。

志ん生　頭髪《あたま》を染めて、お召の小紋の対なんか着てね、どうしたってトシにゃ見えない、まァ五十二、三てところ、本人もそのつもりだ。年中、女を引っ張って歩いて、八十幾つでもソノ勢いがあるから、なにか芸にもテリがありましたよ。

夢声　あすこまで行くと、もうスケベエというんじゃないね。やはり一ツのクスリだね、女の子が附いてるということは。それを除っちゃうと、ガタッと来るんだ。

志ん生　あの人は、昼間なんかも、誰れも居ないとこだとね。こう（ト仕草アリ）前にノメッちゃう。人が居れば、こうやって（ト仕草アリ）ハッキリしてる。だからお内儀さんは、将棋をさしましょうとか、花を引こうとか云って、いつも仲間を呼んでました。誰れか相手が居ないと、ノメッちゃうんだね。

名人橘家圓喬

夢声　然し、通に云わせると、あの人（小勝）の落語は本筋じゃないと云うね。

志ん生　そりゃま、本場ものじゃなかったけども、明るい艶のある高座だったな。ハナシとしては巧いというんじゃなかった。

夢声　ハナシの数も、いくらもなかったようだね。「今戸焼」「たつなみ」「源平盛衰記」「左甚五郎」「うそつき弥次郎」それからあれは何んと云うのか、ヘボン先生の所へ行って眼玉を取り替えてもらう話、――そんなもんだったですね。それが、とにかく何度聞いても笑えたから大したもんだった。

志ん生　それはね、ハナシが巧いというより、当人の地が生きてたんですよ。大体、あの人は〝江戸ッ児〟じゃないんです。江戸ッ児はもっとサラッとしてるもんだ。それを客は江戸前として喜んでたんだ。客が喜びゃ仕方がないやね。そこへ行くと小せんなんて人は、まったく江戸前でしたね。

――どうもこの小せんという人の芸は、私は好きになれなかった。こっちがドサのせいかもしれない。これから小勝と三遊亭圓右の比較論が出た。つまり圓右が中トロのヅケ（まぐろ寿司）だとすれば小勝は上等の牛めしだという見立て。独演会で、圓右の三席は飽かずに聞かれるが、小勝の三席は聞かれないという話。それから、現在の落語界の噂が出たが、これはオサシアイがあるから略す。で、結局、名人橘家圓喬の話となる。

夢声　大した巧さだったな。圓喬の「牡丹燈籠」、私は七日ばかり続けて聞きに行った。それが、親爺からお小遣をせびってる中学生時分でね、それだけ続けて通うというのは、実に容易ならんことだったね。

志ん生　こういうことがある。両国の席に圓喬がかかっていた時に、本所の緑町に住んでた人が毎晩聞きに行く。すると、ある晩のこと凄い吹き降りでね、両国（橋）を渡ろうとすると、傘を飛ばされちゃった。ぐしょ濡れになって橋を渡ろうとするんだが、雨と風とが凄いもんで、どうにも渡れない。橋の欄干につかまったまま、家に帰ることも出来なけりゃ前へ出ることも出来ない。エエイ、圓喬って野郎は忌々しい、オレはあの野郎のために、こんな苦労をするのか、てってね、欄干にしがみついて嘆いたと云う、――それほどお客を引いた人ですよ。なにしろ、時間が来ると、家にジッとして居られなくなる程客を引く力があった。

夢声　それで居て、一般の客を大入り満員にするという人気者じゃなかったね。

志ん生　実をいうとね、私が弟子入りのトップは圓喬さんですよ。

夢声　へェエエ、そうですかい！

志ん生　その時分、私にゃあまだ、落語の巧い拙いなんか解らなかった。それがね、あの人の話だけは、この人は巧いッと、ハッキリ解りましたね。

話術と幻術

志ん生　本当に巧いとなると、こりゃ素人が聞いても分るもんですよ。通でなけりゃ、分らねえなんて巧さは、まだ本当じゃないね。

夢声　そりゃそうだろうな。

志ん生　楽屋なんかに居てね、私ゃ時々ハッと驚いて高座を覗くことがありましたよ。「鰍沢」なんて大したもんでしたね。楽屋に居て私は、本当に大雨が降ってるような気がして、あわてて外を見たら星が出てるんだ（笑）。

夢声　なるほど、鰍沢の急流の描写は神品だったからね。或る人が、その「鰍沢」で、高座から湯気の立ちのぼるのを見た、と云ってる。雪に難渋した旅人が、月の輪お熊の家にたどり着いて、イロリの火に手をかざしながら話すところがあるね、――あすこで圓喬が演ってると、本当に湯気がユラユラと、立ちのぼるのが見えるってんだ。まさか、そんなバカなという人があるに違いないが、私はね、話術の名人から強い感動を受けた場合は、そういうことがあり得ると思う。他人から云やあ一種の幻影かもしれないが、本人はたしかにたちのぼる湯気を見たんだ。

志ん生　その話は、私も誰れかに聞きましたが、私もあなたに賛成だね。まったく圓喬は巧かった。始めてハナシを聞く、どんな人間にでもチャンと、巧いてえことが分ったからね。

夢声　こいつはハナシに限らない。文学でもそうだと思うね。本当の大文学なら、純文学も大衆文学もないんだ。凡そ文字の読める人間なら、誰れが読んでも面白い、感動するというのでなけりゃウソだろうね。

志ん生　相手によって、巧さが分らねえ、というのは、分らせるだけの力が足りないからだね。

夢声　他に誰れです。圓喬、圓右、三代目（柳家小さん）、この三人は議論のないところだが、あとどんな人が好きでした。

志ん生　そうですなァ、まァ、あっしの師匠志ん生、それから盲目の小せん、あすこいらだ。実に小せんなんて人は、ハナシの巧い拙いはとにかく、あの人のガラが好かった。高座に出た姿が好かったねえ。鶴本さん（先代志ん生）なんかも、それだ。江戸っ児の代表でしたねえ。あァいう恰好の人は、その後もう出ませんね。

——尚も、先代の礼讃一しきり。それから細かい話術の、酒を飲むところの見本を示しながら、

志ん生　ね、それじゃあ、酒をこういう風に飲んで、盃を刺身の皿においてえことになる、これが一番いけない。そうでしょう。ね、こう飲んで、刺身をこうやって食べるでしょう、——すると、ね、刺身の皿はココ、盃はココ、醤油はココ、と在りかがちゃん

と定ってなけりゃいけませんや。近頃の真打にゃあ、そいつが怪しいのがあるんで困りますよ。

夢声 おッ、それはそうと、こないだ何処かでナメクジ（蛞蝓）長屋の記事を見たが、ナメクジが、お内儀さんの足に喰いついたてえハナシは、ありゃ本当ですかい？

ナメクジの暴力団

志ん生 本当ですとも。喰いついてブラ下ってたのを見たんだから。こう（仕草アリ）畳があってね、ウチの嬶ァが坐ってた。ね、そこへナメクジが出ようとした、こう、畳の間からね。ところが出られないや、嬶の足が塞いでる。で、野郎口惜しがりやがって、キュッと喰いついた。アッと云って飛び上ったら。足にブラ下ってやがる（大笑）。そのナメクジは、そうさ、この位（両手の人さし指で、四寸から五寸ぐらい開いて見せる）あったね。その時私は、つくづくナメクジってものは恐いと思った（笑）。

――所で、この話は、昭和十年ごろ、この師匠から一度聞いたことがあるんだが、その時の話では、お内儀さんが井戸端で洗濯中に、カカトに喰いついたことになっている。どっちが本当なのか、どっちも本当なのか、どっちも嘘なのか、一寸分らないが。なにも真相を究明しなければ、民族の運命に関するというほどの問題でもあるまい。とにかく、その家は湿気が多くて、住む人が無いため、家賃がタダだったのだから、非常にナメクジが多かったことは、厳粛なる事実であったようだ。

夢声　ひとつ、日日の読者のために、ナメクジ話を少し聞こう。

志ん生　なにしろ、ウチの壁はね、野郎が這うんで、こう、銀色にピカピカ光ってたね、えェ。野郎のお蔭で、壁がズッと好くなっちゃってね……。

夢声　好くなるワケじゃないだろう（笑）。

志ん生　その代り、奴が着物なんか這うと、どうも仕ようがない、いけないね。ヘンなものが附いちゃって、使いものにならなくなる。

夢声　あのヌラヌラはね。

志ん生　それにあれがまた大した毒をもっている。ナメクジの這った御飯を食うと、猫が忽ち七転八倒の苦しみ、恐いね。それが毎朝、こんな十能で一杯捨てる。いくらとったってダメだ。キリがない。塩を撒いたって驚くようなナメクジじゃない。塩なんか鼻先でチョイ・チョイ（仕草ヨロシクアリ）と左右に払いのけてね、平気で通りぬけちまやがる。どうも始末が悪いね。火をつけたって燃えない。チュッと消えちまう。ツネったって殴ったたって平気だ。どういう身体だろうな、あれは？……なるほどアレじゃあ、三スクミてえが、蛇だって困るよ。噛みついたってなんにもならないからね。それに噛みつきゃあ毒があるしね。恐らく虫のうちじゃあ、野郎が一番強いでしょう。

夢声　ナメクジ最強説だね。

志ん生　あァいうのは、鉄砲で射ったたって仕様がない（笑）。

夢声　原子爆弾じゃどうだ？

志ん生　うムム、原子爆弾なら……いえ、それでも野郎は驚かないかもしれないね。

夢声　人間はオドロクんだがなァ（笑）。

志ん生　第一ね、いくらでも出てくるてえのが困る。蛙や蛇なら、追っ払やあ何処かへ行っちまうけれど、野郎は一つところにジッとしてやがるから仕様がねえ。

裏店昆虫記

夢声　それに、その長屋は、蚊がまた大したもんだったってね。

志ん生　そりゃあもう〝今帰ったよう〟と云うと、口の中に三匹くらい入っちゃう。だから黙って家へ入って、蚊帳にもぐってから〝今帰ったよ〟というわけだ（笑）。

夢声　蚊帳から出たり入ったりすると、その度んびに十匹ぐらいずつ蚊が入って来て、しまいには蚊帳の外の方が、蚊が少くなるってのはありゃ本当？（笑）

志ん生　まさか、そうでもないだろうけど、何しろ蚊てえものは、人間の傍が好きだからねえ。然し、面白いもんですな。そんなところでも、どうやら生きて行けるからね。

夢声　一体、何年ぐらい、そこで生きてたわけですね？

志ん生　五年居ました。いえ、それがね、ナメクジと蚊だけじゃねえ、コォロギがまた大したもんでしたよ、実に！　コォロギなんて、世間じゃあ、ただ鳴くだけだと思ってるが、どうしてあの野郎がまた凄いね。

夢声　喰いつくかな？

志ん生　いえ、喰いつきゃしないが、台所を荒していけない。野菜物なんかモリモリ食べちまう。それに、南京虫も居たね。その南京虫のデカいったら一通りでない（笑）。

夢声　南京虫に大きいのなんてあるかな。

志ん生　ありますよ。モノには総じて大小があるもんだ。

夢声　そりゃそうだがね。だが、そんな家に五年住んでたというのは、私に云わせると奥さんがエライね。

志ん生　ええ、一寸した女丈夫でしたがね、いまは疲れ果てちゃった。もうイケマセン。

夢声　何がイケナイね？

志ん生　何がって、そりゃセンセイ、もうナメクジも喰いつかないね（笑）。

夢声　ここらで一ツ、若い時分の、巡業の失敗談かなんか聞きたいな。まあ、失敗にゃあ限らない、成功談でも結構だがね。

志ん生　左様、失敗談と来ましたね。

――と、師匠考えこんでしまった。失敗したことがあんまりないから考えるんでなく、矢鱈と沢山あるんで、迷ってるらしい。

志ん生　私がね、踊の師匠をしたこと、聞いたことがあるかしら。

夢声　オドリの師匠を？　さァァ聞いたような気もするが、記憶《おぼ》えてないね。

志ん生　四国の宇和島ってところでね、巡業の一座が解散しちゃった。何処へ行こうってぇアテもないから、宿屋で泊っていた。すると物好きな野郎があったもんで、〝舞台で拝見した、あなたの踊りが大変に結構、どうか教えて戴きたい〟と申し込んで来た。こっちも困ってる時だし、宿銭とお小遣いを持つてえから、そのまま宿屋に納まって、近所の若い衆たちに教えて居た。ところが、こっちは寄席の踊りでしょう。昨日教えた時は右の手を出したが、今日教えると左の手を出すてえわけ、もともと極った踊りじゃないんだ。

ステテコ鶴亀

──宇和島は私も、十年ほど前に行ったことがある。今は鉄道が通じて居るが、そのころは八幡浜からバスで行く、僻遠の地であった。それで居て、四国第一（或は九州、中国をふくめて第一だったかもしれない）の高級映画館があったには驚いた。花柳界はどうも堂々たるもので、東京の築地あたりを思わせる上品な料亭があった。それだけに、つまり芸道のなかなか発達した所なのだ。それが志ん生老の若かりしころとくるから、少くとも四十年ぐらい昔のことだ、──東京下りの芸人として大いに買い冠られたのであろう。

志ん生　そこでね、弟子になった若い衆がヘンに思って〝昨夜はたしか右手でしたが、今夜は左の方で？〟なんて聞くんだ。イケネエ失敗ったと思ったが、そこは口が商売だ〝なァに右も左もイロイロあるんだ〟てなことでよろしく胡麻化したね（笑）。ところが、それから大変なことになっちゃった。その私に教わった野郎が、何処かお茶屋へ行って、アヤシキ踊りをやらかしたんだね。〝あら、御器用でらっしゃるワ〟とかなんとか賞められやがって〝実は東京から踊りの師匠が来てるんで、習ったんだ〟てなことを云やがった。〝まァ、東京のお師匠さんが！〟ってことになって、検番から私の宿に使者が立った。弱ったね、どうも、――〝一ツ、宇和島芸妓のために、東京の踊りを教えて戴きたい〟と来た。そうなると、イヤというわけに行かないから〝承知しました〟と勿体ぶって引き受けちゃった。

夢声　とほッ！　図々しいもんだねえ！

志ん生　いやそれがね、図々しいで通せりゃ大したもんだが、どうもそれほど私ァ、エラクねえから、その晩、吉田という船着場から、船で夜逃げさ（大笑）。

夢声　そこが好いトコだね。まさに夜逃げ美談だな（笑）。

志ん生　まったく、弱ったったらないね、あの時は！　何しろ神戸まで船で逃げたんだからね。ところが、四国って所は、よくよく粗々っかしいのが揃ってる土地と見えて、今度は讃州高松というところで、お座敷が掛って来た。行って見ると、これが高松第一流の料理屋です。ヒョイと正面を見るてえと、お嫁さんとお婿さん、――婚礼だ。こっちの方には一流の芸妓がズラッと並んでる。

夢声　婚礼の席のハナシってものは、難かしいもんだからね。

志ん生　いえ、ハナシなら驚かないんだ。踊りをやってくれというんです。〝何かお目出度い踊りを一ツお願いします〟と来た。〝私は落語家で踊りはいけません〟と断わったって聞かない。高座でやった「深川」だの「茄子と南瓜」だので、すっかり感心してやがるんだ。〝どうか「鶴亀」を願います〟てんだ。私ァ、弱ったねえ！　ツルカメなんて、こっちゃあ知らねえんだもの（笑）。

鼻を衝く勿れ

夢声　そうかなァ、——ツルカメなんて無いかねえ！（知らないかの意）

志ん生　あって堪るもんですか（笑）。でもショウがないから踊りましたね。ただ、扇を持って、グルグルと廻っちゃった。どう踊ったんだか、自分でも分らない。三味線を弾いてた芸者連は、こっちを東京の踊の師匠と思いこんでるから、間違ったら大変だってんで一所懸命だ。だから、踊りの方を見るどころじゃない、——あとでそう云ってたね。〝何しろ、わたしたちは皆汗ビッショリになりました。ちっとでも間違ったら、お師匠さんに申訳けないと思いまして〟というわけだ。こっちはただもう、扇をひろげたり、時々つぼめたりして（このあたり珍妙な仕草入り也）、グルグル廻ってるだけだ。

夢声　時々、ステテコの手なんか入ってね（大笑）。

志ん生　そう、こういうあんばい（キテレツなる手つきアリ）でね（笑）。見て居る者は素人だから、それが「鶴亀」だと思ったろう。まあ、終いまで——というのは三味線の鳴り止むまでね、——やることはやった。こりゃ、ハナシカでないと出来ない。姐さんたちは、汗タラタラで三味線を弾いてから、〝どうも結構でございました〟なんて、見ねえからスッカリ賞めちゃったね。

夢声　これも大した美談だな！（笑）

志ん生　とにかく、ハナシカてものは、どんな場合でも、なんとか胡麻化せなけりゃダメだね。鼻を衝いちゃあダメだよ。

夢声　フナになっちゃいけないわけだな。ひとつその鼻をツイた話はありませんかい？

志ん生　大概のことはゴマかしましたね。これで、私は講釈師になったこともある。

夢声　ヘェ、そいつは初耳だ。落語家になってから？

志ん生　そう。仲間に渡す金を飲んじゃって、飛ンデモネエ野郎ダってことになってね。一時釈場で稼がしてもらった。随分こりゃ苦しんだ。なにしろ落語をやったものは、どうも軽くていけねえ。講釈ってものは、目の見えない人が聞いても、面白く聞かれなけりゃいけねえ。つまり、一々景色だの仕草だのを、文句で喋らなけりゃダメだ。落語なら「こんちワ」「よう、どうしたい？」ですむんだが、講釈だと一々、誰々が「こんちワ」と申しますと、誰が奥から出て参りまして「よう、どうしたい？」と尋ねました。ところがてな風に重く丁寧にやらなけりゃ、サマにならない、第一、客が承知しない。ところがハナシで修行した私には、こいつがどうも難かしいんで弱りました。

夢声　なるほど、三枚目役者に、立役をやれったって、急には無理だからね。

志ん生　で、私は毎日、イヤでたまらないんだが、行き場がねえから仕方なしにやってた。すると鶴本の志ん生さんが、帰って来いというんで、渡りに舟と逆戻りさ。

夢声　浪花節はやらなかった？

――嘗て、牛込亭の会で、私はこの師匠の浪花節を聞いたことがある。三味線が名人の八重女であったせいか、なかなか玄人っぽい節廻しで感心した。

志ん生　やったことはないが、実を云うと私ァね、若い時分に一番好きだったのは浪花節でね。そのころ前の玉川勝太郎が、戦争（日露）から帰って来たばかりで、そりゃ大した人気だった。よっぽど弟子になろうかと思ったくらいでしたよ。ところが友達に落語家が居てね、こいつに引っ張られてハナシカになっちまったんです。

夢声　で、初めて弟子入りしたのが圓喬？

志ん生　そうです、圓喬さんから小圓朝さん、――今の小圓朝のお父ッつァんに預けられた。するてえと小圓朝さんが旅に出ることになって、私も一緒に静岡に行った。今でもアリアリ記憶えてるが、新橋（註――旧新橋駅で今の貨物駅汐留也）のテンシャ場に、圓喬師匠が送って来てね、これが大島の絣に、縞のお召かなんか着こんでね、当時八銭の敷島を二個、窓から私にくれてね、〝小僧、勉強するんだよ、いいか〟って云ってくれました。あんな大師匠から、そんなに云われるなんて、お前は余っ程仕合せだぞって、みんな羨ましがりましたね。そんな、やさしいことする人じゃねえんだそうで、あとで聞きましたがね。

夢声　ふムム、幾歳の時でした？

志ん生　十九の時でした。それで、一座が岡山に来た時に、電報が来て、圓喬さんが死んだと分った。楽屋の者が一斉に泣きましたよ。その電報でね。

夢声　その時の一座は、誰々？

志ん生　私が前座で玉輔、名古屋の朝之助、通天、今の小圓朝の小圓次、それから小美代って一寸好い女、そんなところだった。楽屋一同、世話になったわけでもないのに、みんな泣いた。何しろ御大が一番先きに泣いたからね。

夢声　小圓朝さんはオトト弟子（圓喬の）でしたね。

志ん生　いえ、アニ弟子です。あの人も巧い人だったが、ふだんから云ってましたね、〝圓喬だけには敵わない〟って。惜しいことをしましたよ、まだ四十二でしたからね。

——ここでまた少しシンミリ。

夢声　時に、このごろの女の子はどうです？　パーマをかけて、ベットリ口紅をぬったの、御気に召しませんか。

志ん生　あァいうのは、まるでイケマセン、見ただけで願い下げだ。

夢声　やっぱり銀杏返し、島田、丸髷などのタグイ？

志ん生　そりゃもうそれに……、いや、今はもうそれもイケマセン。何故って云うと、もう自分の姿をよく知ってるからね（笑）。

夢声　アナガチ、そうでもないらしいよ。

志ん生　いや、そんなチカラを、つけてくれたって、もうダメ。もうその方はイケマセン（大笑）。

笑わせたがらぬ笑いの名人

竹山恒寿と

　志ん生がモジリを脱いだら、下に棒縞のハンテンを着ていた。それを脱いだら、だいぶ色あせた紋つきの羽織姿だ。だんだんに変っていくようすが面白い。その紋だって、今どきには珍らしくずいぶん大きくて、クリーム色に古代がかっている。この人、どうも衣服には無頓着らしい。

　脱ぎおわって、それらをキチンとたたみ、片づけてから挨拶だ。高座の習慣か、正坐して、顔つきもあまり崩さない。ほとんど表情があらわれない。たれさがった瞼の奥からのぞく眼だけが、するどくケンがある。こんな愛嬌のない落語家なんているものだろうか。ハナシカのくせにいたって口が重く、発音も明晰を欠く。編集部の人は、師匠にしてはよく話したというが、妙な芸人もあるものだ。

　彼は落語界の最高峯で、人気も一番とのことであるが、それは無愛想なシェパードやブルドッグの愛嬌のほうが、テリヤや狆の愛嬌よりもウマ味があるということからきたのだろうか。(竹山恒寿記)

適応性のない自由人

竹山　志ん生さんはいくつですか。
志ん生　六十三です。
竹山　算え年？
志ん生　ええ。
竹山　丈夫そうですね。
志ん生　ええ。丈夫だけ、ほかになんにもない。丈夫ってんじゃないでしょうね。ムリに丈夫になってるのでしょうね。
——ポツンと投げだすように語るけれど、この人の話しかたには、ヒネクレた趣きがある。相手におもねった話しかたではなく、自分勝手な独白といった感じだ。——
竹山　洋食は好きですか。
志ん生　どうも洋食、名前知らんのです。カツは知ってるのですが……。
竹山　カツとライスカレー？
志ん生　ええ、そんなもので、あとはわからない。昔はライスカレーのことを西洋料理といったんで……。（食卓の皿を指して）こういうのは名前、なんでしょうね。
竹山　オードーヴル、前菜……まあ突き出し……。
志ん生　これなんですか。玉子にエビがシャチョコ立ちしているやつ。面白いですね。

——わざとふざけて言っているわけじゃない。当人マジメなんである。そこにオカシ味が湧いてくる。妙なものだ。——

竹山　飛行機に乗ったことがありますか。

志ん生　ないですよ。乗りたくないですよ。

竹山　どうして？

志ん生　とまっちゃうと嫌だなあ。

——まったくその通り落ちる前にはとまるのだろうが、普通はそういう着想をしないものだ。この人の着想はマトモでいて何か奇抜なところがある。——

竹山　満州では苦労したそうですね。

志ん生　ええ、むこうへ行ったトタンに終戦になったでしょう。奉天でソ連があれしたでしょう。あれすると同時に何になっちゃったのです。

竹山　一体、何になっちゃったんです。

志ん生　暴動が起っちゃったんですよ。満州人の……。大変でしたよ。ほうぼう逃げて歩いていたですよ。いる所がなくて天井裏みたいな所に入ってました。二年間……。

竹山　二年間、どうしていたんです。

志ん生　まあ独演会やったりなんかしてね。日本人相手に……。しまいには日本人みななくなっちゃったから……。あんたはあのう、先生の方……。こんど、悪いとき、よろしく。あたしは十四くらいから神経くるしんでいますからね。だからほんとうはもう悪くなっちゃっているんじゃないかと思うのですがね。これで飲んでもいいですかね。

竹山　どのくらい飲めるの。

志ん生　いくらも飲めやしない。ないんです。まあね、夜中に眠れなかったりすると、やっぱり飲むんですよ。でないと眠れないんです。あたしはお客さまの相手して飲むの嫌いなんです。自分でコップでひっかけるのが好きなんですよ。

竹山　じゃ宴会なんか嫌い？

志ん生　だめなんです。普通のところで「どうぞ」なんというのはダメなんです。じれったくなる。

――この師匠、芸人のくせに人づきは良くない。社交下手で宴会酒より独酌が好きらしい。その上そうとう機嫌がむずかしい。――

竹山　あんたはいつも和服ですか。

志ん生　ええ。満州でも和服を着ているのはあたしくらいしかないのです。大連で一人として着物を着ているものはない。戦争時分ですから。

竹山　じゃ目立って困ったでしょう。

志ん生　だって、着ようったって着物がない。

竹山　洋服、なぜ嫌い？

志ん生　洋服着ると手のやり場がなくなっちゃう。なんか、こんなことをするの、出来ないですからね。（衿をあわせる恰好する）それに、よくああやって靴はいて歩いているが、足が痛くないかなと思案するんです。
竹山　じゃ空襲中でも和服で押し通した？
志ん生　ええ、そう。
竹山　文句いわれなかった。
志ん生　いったってしようがない。あたしは着ないんだから……ずいぶん空襲の最中、酔っぱらって帰って、あたしは青年団におどかされた。
竹山　着流しで？
志ん生　モンぺはいていたのです。それに、とんがらかった頭巾があるでしょう。あれはなにも空襲がこわくって被っているのでない。温いでしょう。そんだから、あれ被っているのですよ。
——頑固だから適応を考えない。悪くいったら頑固のヒネクレだが、良くいえば自主自尊の自由人だ。——

根は喝采を欲せぬ人

竹山　新しいものでね。昔よりはいいと思うのがありますか。
志ん生　そうですね。私にはないですね。
竹山　パーマネントなんかどう思いますか。
志ん生　もう、うちの娘などパーマネントをかけるからね。ああ流行っちゃうと、たまにかけてない人を見ると変ですね。多勢にはかなわないですよ。ええ。どんな風したって、いいものはいいのですよ。印《しるし》バンテンを女が着たって器量がよければいいですよ。イキになっちゃってね。ただ、このごろの人は顔がね、円くなってきましたね。昔と違って。昔はみんな面長だった。どうして、こう変ってくるのですかね。以前はね、ひと町内に、評判娘だの、小町娘だのとアダ名された娘さんがいましたよ。そんなのはみんな顔が面長ですよ。顔も変ってくるでしょう。これから百年もたつとまた面長になってきますよ。

——丸顔流行に多勢敵しがたしと諦めているけれど、彼は保守派だから内心面白くないものがあるらしい。——

竹山 如何です、見回したところもう江戸っ子はいないですかね。

志ん生 ないですね、江戸っ子は。名古屋に姉妹で江戸っ子おでんというのがありましてね、客が食いにくると、頭から、早く食いねえケチケチしないで、というんです。それをまた客が喜んで食っていやがるのだからね。それが江戸っ子の女ならいいが、名古屋のやつがやってる江戸っ子弁なんだからね。ところがそいつがこっちへ来まして商売をした。飲み屋だったけど、東京へ来たらいえなくなっちゃった。名古屋だからいえるのですよ。

竹山 一体、江戸っ子江戸っ子といいますが、江戸っ子とはどんなもの？

志ん生 江戸っ子というのは、だから、その、えれいてんじゃないのですね。つまりなんか、こうやる工合でね、ノウテンキなんですね。考え深くないのですね。ほんとうの江戸っ子というのは、優しくて、人の面倒みて、顔を出さないような人じゃないかと思うのですがね。ええ、頭からなんか言って、あれはノウテンキというやつですよ、そんなのは。

竹山　威勢のいいばかりが江戸っ子じゃない。そうでしょう。

志ん生　口先ばかりのハラワタなしなどというのはつまりノウテンキというのですね。昔の食べ物の賭をするとかね、人がそば三つ食えるというのを十も食ってみたりする、それはノウテンキなんですよ。私が知っている酒屋で焼酎、普通の客はコップ二杯ですよ。三杯飲むのはちょっと多いそうですよ。五杯のんでも、ちっとも酔わないで帰る若い客がある。酒屋だって、飲んだだけで酔ってくれなければ面白くない。売りゃいいというものじゃない。張合いがない。どうして酔わないのだろうと、一ぺんあとつけさしたら、それから二十間くらい先きの所でぶっ倒れて寝ていた。ああ、この人つよいといわれたいので、我慢して飲んでいたんで……。江戸っ子に以前はそんなのがいくらもいましたよ。

竹山　あんたはそんな強がりをやらない？

志ん生　あたしは、そんな、ダメですよ。

――この古典派は、見せかけを心がけず、周囲の喝采を求めない。ハッタリ、ケレン味がない。――

無愛想が一種の持ち味

竹山　約束をすっぽかすことがありますか。
志ん生　酔っぱらうとすっぽかしちゃうけれど、そうでなければないです。
竹山　借金をすっぽかすことは？
志ん生　人に物を借りるのが嫌いでね、なきゃないで、そのまま押して行くから……。
竹山　人に何か頼むのも嫌い？
志ん生　嫌いです。人がくれればもらう。くれなければもらわないというのですがね。
——我が強いから、頭をさげられない。孤高の人だが、融通がきかないといわれることもあるだろう。——
竹山　人におごることはどう？
志ん生　そうですね。楽屋にマゴマゴしているの、お前こいと引張って行くのはありますよ。あたしたちの前座、どんなものでも、タダ用をさしたことはないです。仲間はね、自分の弟子をみなタダ使っていますよ。師匠の用をするのは当り前だとね。あたしはそいつをしないのです。大嫌いですからね。用をいいつけたら、それ相当してやらなければ……。ウチへ来て用をすれば、酒が好きなやつには、台所へ行って飲んで行きねえとよ、いうし……。
——頑固でキュウクツな人だけれど意外に気持ちはこまかい。融通がきかない反面に、こんな微細な思いやりがある。しかしそれもみな自分の気分を大切にして、やっていることだ。――

竹山　あんた、ズボラみたいだけれど、ズボラじゃないですね。

志ん生　ハッキリいえないですよ。嫌になったら帰っちゃうのだから、寄席でもなんでも。

竹山　若いときから、そんな我儘でしたか。

志ん生　そうでしたね。だから出世はおそいですよ。友だちがみんな出世しても、こっちはグズグズしてましてね。出世したいとも思っていないのだから。

――この師匠のような気性では、人と協調できないから、人にとりたてて貰うようなことは思いもよらない。出世もおくれるはずだ。若いうちは小にくらしいばかりだったろう。しかし老年になるにつれ、その無愛想が一種の持ち味となって、奇妙に人の気をひくようになったのだ。――

竹山　どうしてハナシカになったのです。

志ん生　家を勘当されちゃって、つまり着物をムヤミに持ち出して遊びに行ったりして、家へ帰れなくなっちゃうのですね。遊びに行くと、翌る日は帰りに湯に入って、一杯やって、講釈場なんか入って引っくりかえって、講談でも聞いているうちに昼間の講釈場がハネちゃうと、夜の寄席へ行く。そこがハネるとまた一杯やって、あっちへ行っちゃう。ノベツそれが続きますからね。そのうちに楽屋へ行ったりしているから、しまいに、おい、しようがないから仲間に……ということになっちゃう。

――映画館、喫茶店、形は変ってもヨタリ方に変りはない。今でこそ、この師匠、禿頭を光らせて納まっているが、昔はそうとう脱線していたわけだ。――

竹山 修業時代は辛かったですか。

志ん生 大へんですよ。三度のご飯、満足にたべたことはありゃしませんよ。野宿もしたことがあるし……。

竹山 それで、やめようとしなかった?

志ん生 まあ、ほかのものやろうという気がないのですからね。それでくっついていた。何も真打ちになろうの、金をよけいとりたいのというわけじゃなし……。えらくなろうとしたら、人に取入って上手をしなければならんです。あたしなどは人に如才なくできないのです。だから人に爪はじきですよ。こっちから世辞をいわないんです。どんな偉い人でも……。だから今だって、近所の人から、あれで芸人かしら、会ったたって口をきゃしない、よく人なかでしゃべれると……ハハハ。

竹山 そうとう気むずかしや?

志ん生 どうもこっちからお早うございますなどというのは嫌いでね、むこうからいやあ、それでね。こっちからは切り出さない。

竹山 強情ぱりでしたね。

志ん生 ええ。もう評判が悪くてね。評判よくしようなんて思っていない。だから物ごとがおそくてしようがないですよ。ずいぶん損をしますわね。外交というものができないのだから……。あの野郎、しようがないといわれながら、自分の芸で上っていくということを考えたでしょう。まだ実力もない、人気もないのに、人が相手にするワケがないですよ。とうとう強情で押し通しましたがね。

——今でこそ、これは名人気質で通るだろうけれど若くて、まだかけ出しの頃から、そんな気性だったのだから、これは持ちまえのものだ。かけ出し時代には、名人気質なんといって尊重されなかったに相違ない。カタクナでヒネクレた気性を、名人気質と呼ぶことがあるけれど、それは名人になって、はじめていえることである。——

ムラ気が身上《志ん生》の高座

竹山　あんたはカンシャクを起すことがありますか。

志ん生　メッタにないけれど、ときによると怒らなくともいいことを怒ることがあるのですよ。なんかふだんそれほどでないことがイヤに癪にさわったりしてね。考えてみると、たいして文句いうべきことでないですよ。飲んでるときに多いですね。

竹山　気分のいい時と悪い時とがありますか。

志ん生　ええ、気分でね。いいつもりの時は高座でもしゃべりますがね、悪いときはダメですよ。だから十日のうち、まあほんとうにはなし出来るのは三日くらいでしょうね。あとは……。客がへんだったり、こっちがトラになっていたりして……。もう酔っていたら、めんどうくさくなっちゃって、なんか考えだすのがイヤになっちゃうのです。

竹山　気分が悪いときはどうしますか。

志ん生　しゃべるのもイヤになって、いいかげんにして降りちゃうのですよ。もっとも、あたしの方の高座は、お客がやらしてくれるので、お客さまがいいとね、やるのですからね。

竹山　どういうのがいい客ですか。

志ん生　やっぱり気が合って、話のわかるお客ですね。そうすると降りるのを忘れちゃうのがあります。

竹山　ゲラゲラ笑う客はどうですか。

志ん生　やっぱり寄席では笑っている人のほうがいいですね。中にはひどい人がありますよ。その一人がアハハ、あまり笑うので、はたの人がビックリしちゃう、何を言っても笑いますよ、大きな声で。それでハナシができなくなっちゃいますよ。

竹山　高座にあがるときの気持ちは。

志ん生　なんだかわからないであがっていますよ。あたしは坐ってから考え出すのですから。これやろうと思ってあがらないですから、場合によると、くだらないものをやって、降りることがあるのですがね。枕にもならなくてすぐ降りちゃう。私は主にそれが多いですね。

竹山　客が物足りないだろうと考えますか。

志ん生　そうなんですよ、お客にすりゃ少しやらなきゃというでしょう。そいつができないですね。その代り何も頼まれなくとも、よくやることがあるのですよ。

――ムラ気で、しかも気分に左右される。彼のように自分だけの世界に生きている人には、しばしば見られることだ。これも名人ならありそうなことだとされるが、もし普通の人だったら、我儘者として爪はじきされてしまうだろう。――

偏窟で排他的な見本

竹山　あんたは金をためるのは下手？

志ん生　金というのはね、貯ったことはないですよ。欲しいとも思わないですね。といって、なけりゃなんだけれど、そんなによけい残そうなんてね。

――彼は最近やっと間借り生活から解放されたそうである。金を儲けるのも下手だろうが、出すのもまた、下手だろう。――

竹山　あんたの顔にはオカシ味がなく、整っているでしょう。それをおかしく感じさせるのに苦労しますか。

志ん生　苦労じゃないですよ。おかしくしようと思うと、おかしくならないのです。笑わせようと思って、変な顔したって、おかしくないですよ。当り前にしていて、おかしく客がなってくるのですよ。客というのは、勝手に笑ってくるのですからね。

――たしかに客は「お前たち、地下鉄の切符だ、あってもなくてもいいや」なんて高座の彼からいわれて、ドッと笑うのだから、寄席のフンイ気は妙なものだ。まともにいわれたら腹も立とうが、大勢の中では、めいめいが自分の事じゃないと思うらしい。これな着想の皮肉が、オカシ味となりマゾ的な愉快を客に与えるのだから、彼のいうとおり、客は勝手に笑うものらしい。――

竹山　漫談をどう思いますか。

志ん生　いやあ、漫談てえのは、まああれあニュースみたいなものですからね。きょう、銀座のあそこの橋の脇を通りましたら、あの人がというようなことをいうのが漫談ですから……。ええ、身を投げると思ったら、投げなかったのですが、投げるような顔をしてといって笑わせるのが漫談なんですよ。つまり、こればかしのを、長くのばして、それで客を喜ばせるというのが漫談なんですよ。

竹山　新作落語にいいのが出ませんか。

志ん生　出ませんよ。落語の筋道を知っていれば、あんなことできませんよ。歌笑なんかのね。ハナシを知らないですからね。だからあれでよかったのです。つまり馴れたことばかり引っくり返し言っているでしょう。あたしたちのほうは、今夜これやればいいと思っても、一ぺんやったものはやらないです。それで喜ばせるのは、自分の心の中で欲しないからです。

竹山　同じ話を何回やっても、面白くきかせるわけにいかないですか。

志ん生　ダメですね。自分がイヤになったら、いえるものじゃないですよ。自分がいやでもやるというのは商売なんですよ。これはそうじゃない、商売じゃないですよ。イヤだと思ってやると、その話は死んじゃうのです。話くらいむずかしいものはない。音羽屋も器用で、いろんなことをやったが、ハナシだけはできないといって、しなかったんです。ハナシの心というものが出て来なければいけない。つまり与太郎が出て来ても、どっか与太郎然として、ああこいつはバカだなと感じさせなければ、いけないのです。これはバカな人間でございます。バカが出て参りますという、これは落語じゃない。つまり講談ですよ。

――芸の話になると、やはり熱中する。しかし排他的で、偏窟で、非常に保守的だ。どんな古典でも、それが出来たときには新作であったはずだから、もう少し寛容であってしかるべきだが、それを彼に望むのはムリだろう。――

洋服嫌いの着物好き

竹山　あんたはいくつまで生きたいですか。

志ん生　別に……。もうモトとっているのだから。死にたくもないが、成行きですね。あたしなんか、七十以上に見られちゃう。死んだ羽左衛門が熱海で病気悪くなったとき、見舞に行って、あたしは五十三、むこうは七十三なのに、あたしのほうが十くらい上に見られちゃったんですよ。もっとも片方は頭は禿げていないし、色はちょいと桃色をしていて若いですよ。この羽左衛門が戦争中、大森の何とかいう待合に来て、あたしも行って一席やって、ひどかったですね、国民服きているのですよ。羽左衛門がね。私はね、あんたと国民服で会いたくないんだ、市村羽左衛門、国民服きている。それを見るのがイヤなんだ。羽左衛門というのは国民服の姿でないのだ。すると勘弁してくれやといってたが、イヤになっちゃった。こっちは着物でしょう。国民服というのは着ると誰でも同じになっちゃって、メチャメチャにするものね。国民服というやつは、間抜けなことを考えやがったね、誰にでも国民服を……。何着たっていいや、自分勝手なものを……。

竹山　高座で洋服は似合わないだろうな。

志ん生　ええ、ねえ。

――保守的というばかりではない、この人は自由人だ。自分の思ったままを振舞いたく、人から干渉うけたりするのが大嫌いだ。そしてこれを実行する。周囲に適応しようがしまいが、そんなことはかまわない。これは奇妙な芸人だ。――

診断――悲、喜劇二面性の芸人

――ハナシカという、人を笑わせることが商売の芸人に、古今亭志ん生のような人がいるのは、少しおかしい。けれどもこのおかしさが、そのまま志ん生の芸風になっているのだ。

ユーモア作家といわれる人で、その人柄は少しも愉快でなく、気むずかしくキュウクツな人はずいぶんある。マーク・トウェーンのような作家でも、小うるさい、しかつめらしい人であったそうだが、「東海道中膝栗毛」を書いて弥次郎兵衛、喜多八を創作した十返舎一九も、その生活は気むずかしく、人づきがわるかったそうである。喜劇役者でも、その私生活がなかなかの暴君で、わがままだったという例は数多くある。どちらかといえば、こんな二面性のある人のほうが多いかもしれない。

ところで志ん生も、やはりキュウクツなわがまま者だ。頑固で融通がきかず、我がつよく世間知らずで排他的で社交ぎらい、せまい世界を一筋に生きて、わき目もふらない。気分屋で、自分の気分だけに左右される。気がむかなければ、高座に出ても、ロクに喋らずに引込んでしまう。こんなように、自我の世界だけに生きている人を分裂気質の人という。

彼の着想は奇抜で、突飛な言を吐き、皮肉を人にぶつけるのが巧みだから、そこが面白さを人に与えるのだろう。

彼の表情や動作も、あまり派手ではなく、その動きのないところに、また、不思議な魅力があるのだろう。

彼の服装にしたところで外套の下にハンテン、その下に紋つきといった意想外の変化があるので、その無頓着さにおかしみが湧くのだ。

彼の悲劇、それは世俗におもねることができないで、爪はじきされながら、中年以後になって、はじめて人に注目されたことも、その一つといえよう。名人といわれながら、いまだに恒産をなさないのもその一つといえよう。しかし若いうちには小にくらしいと思われた彼の人柄も、年とってからは、それが一つの味のように思われてきたから、何が幸いになるかわからない。分裂気質の人は、いわゆる名人芸に到達することが、多いものである。

かたい話やわらかい話

福田蘭童と

〝どうする連〟物語

福田　師匠、お年いくつです？
志ん生　六十六です。
福田　六十六とおっしゃるとなに年なんですか？
志ん生　寅です。──明治二十三年。
福田　その頃といっちゃおかしいけど、落語だとか講談の方の高座に上るのが、早かったらしいですね。師匠もやっぱり？
志ん生　十八くらいでしたね。ちょうど五十年位前になります。なんだかんだってえうちに、五十年も高座をつとめちゃって……。何年やったって、こればっかしは変な商売なんですよ。道楽商売でね。
福田　その頃の高座はどのへんにあったんです？

志ん生　その頃は、ずいぶん席が多うござんしてね。なんですね、十五日間興行で片方の席が三十軒あるてえと、片方が四十軒あったりなんかするんですが、いまのようにとびとびにわかれていませんでね、上野から本郷へ行って神田、銀座へ行くというようなぐあいでしてね。俥にのってかけもちするんです。寄席のわきへ俥がずらっと並んじゃって、いいもんでしたよ。早くあんな俥にのってかけもちが出来るようになったらいいなと思って……。そいつがいざなってみりゃ、俥に乗るぐらいじゃありませんよ、俥を押す位で……（笑）。

福田　真打ちになる前にはやっぱりテクるんですか？

志ん生　ええ、テクりました。それに遠くて金にならない端席へまわされる。青山だとか、千住だとか……。そんなとこへ歩いてって帰って来ようもんなら、本当に夜中の二時頃になりましたねえ。昔の寄席はひけがおそかった。十一時にはねても、真打ちの人がなにかしゃべってる間は帰れないんですからね。それでいよいよすんだとなりゃ、向うは俥でさっと帰っちまって、待ってるやつは俥のあとへついて走って行く……（笑）。

福田　その頃の給金はどうなっていたんですか？

志ん生　客の頭数でとってましたですね。一人いくらってんです。わたしたちゃ二厘でしたね。二厘で、十人の客が来るてえと二銭になる。百人で二十銭……。

福田　その頃、師匠はどこに住んでいました？

志ん生　下谷にいました。下谷っても変なとこにくすぶってましたよ。

福田　根岸ですか？

志ん生　御徒町です。

福田　しかし、浅草、上野、神田とかけもちするには、場所としてはよかったでしょう。

志ん生　場所としてはいいんですがね。なにしろ三畳なんか借りてたんですよ。一人でね。その頃の主だった席は、四谷の喜よし、神楽坂演芸場、両国の立花、浅草の並木亭、銀座の金沢、本郷の若竹など……。

福田　本郷の若竹なんて、パリパリしたものでしたね。

志ん生　書生さんがずいぶん来てましたねえ、あすこには……。わたしが年輩になってお座敷へ行くてえと、どの人もこの人もみんなえらくなっちゃってる。みんな寄席へ来てたその時分の書生さんですよ。

福田　その頃の寄席へ通った人たちで、えらくなった人たちを調べてみると、僕らの範囲では、文学者が多いんですけど――、寄席へ行ったのは女義太夫、あれをききに行ってたんですな。広津先生、志賀先生、谷崎先生、里見先生、みんな行ってましたよ、その頃の女の子をはって……。

志ん生　どうする連ですか……（笑）。女の人が男に、わたしの体をなにしてなんてえ濡れ場があるでしょう。その濡れ場になるてえと、「どうするどうする」って客席から声がかかる。それが又よく揃ってるんですね。「どうする、どうする」って声をかけるんで〝どうする連〟。そいでもって、またいいところへ来るてえというんですね、「待っ

てました ァ！」――「去年の秋のわずらいに――」なんてところへ来ようもんなら、「待ってましたァ」

福田　半畳だな。

志ん生　その頃の人の半畳はちっとも邪魔にならなかった。きっかけをよく知ってましたからね。うまいところでいってましたね。きいている人がわあっと笑う位、うまい半畳を入れてましたよ。今「音羽屋ァ」「播磨屋ァ」なんてかける声は、昔みたいに急所を突いていませんよ。第一、あんまりかけ声をかける人もいないでしょう。だから、たまにやるてえとびっくりしてますよ、大勢が……。

馬肉を食って舞戻る

福田　寄席が終ってからですね、真直ぐ家へ帰ったものですか、昔は……。

志ん生　帰りっこないですよ。大抵、飲みに行こう行こうっていわれて、客といっしょに行っちゃう。十日位家に帰らなかったりしてね（笑）。今夜は家に帰ろう帰ろうと思ってるんだが、なかなか帰れないもんですよ（笑）。

福田　吉原ですか？

志ん生　たいがい吉原ですよ。ああいうとこは大勢で一しょに遊ぶのが面白いし……。

福田　今の吉原は味気ないけどね。

志ん生　昔の吉原の気分なんてもんは、ようござんしたね。昔は〝まわし〟ってえのがあった。一人の女が五人も六人も客を引受けてる。この人はいやだなと思ったら、ほかの人のところへ行く。昔は好きな人のとこにばかり行っちゃってた。

福田　バタバタって草履はいてね。

志ん生　あの味はいいですよ。馬鹿にひどい目にあうときがあるかと思えば、馬鹿に大事にされちゃったりして……。

福田　なじみになると、自分の部屋へいれられてね。

志ん生　一人が一つずつ部屋持ってて――おいらんは部屋を持ってるんです。金を使わなければ部屋に入れてくれない。長火鉢があって、タンスがあって、フワフワの大きな座布団へ主人みたいな顔して座って……（笑）。

福田　吉原の引手茶屋は情緒があってよかったなァ。芸者たちも芸がうまかったですよ。

志ん生　中の芸者の芸はようござんしたね。しかし我々のような銭のない連中は、方々をひやかして歩いてましたね。中で一晩遊ぼうもんなら、明日の朝の飯が喰えなくなる。どうしようかなあって歩いているうちに、土手に馬肉屋があるんです。

福田　けとばし屋。

志ん生　ええ、そこへ行って肉を食って、飲んで酔っぱらって、ええってんでひざ枕で寝ちまう。女中が座布団を二十枚位上からかけてくれる。――なんていいましたかな、ずいぶんあすこには馬肉屋があるんです。

福田　僕も行ったことがありますよ。非常に庶民的でよかったな。とび職のおやじだの、好きなこといいながら飲んでるんですよ。職人だのが大勢来てて面白かった。

志ん生　ほんとですよ。鍋をかこんで座って、みんな若い奴をひっぱって行くんですよ。なんかいいですね、気分がね。安いからわたしたちはみんな若い奴をひっぱって行くんです。大勢でゾロゾロ行くには一番いいね。

福田　吉原で面白い失敗談はありませんか？

志ん生　遊びに行くでしょう。朝になってもう帰ろうと思うと、女が「お前さん待っとくれ、一席おやりよ」って大勢友達を引っぱってくるんです。そいでもって張店に並べといてやるんです。一人二銭位ずつ集めてね。十五、六銭くれるんです。そいつでもって湯へ入って飲むんです。――その時分、十銭あるというとね、ちょっと飲めましたよ。変なとこへ行ったって三十銭位ですよ。昔はわたしのなじみでね、五十銭がま口へ入れて遊びに行って、ポンと放り出す。そいでもって女がおばさんに金を渡すわけですがね。あくる日になって見るてえと、ちゃんとがま口の中に五十銭入ってる。始終そうなんです。これはね、こっちが好くってしてるんじゃないんです。つまり、わたくしがいろんなことといってるのを聞いてるのが面白いんですね。ほかのお客のとこへ行っていやな思いしてるより、こっちのくだらないことをきいてる方がいいんですね。だから毎晩来てくれってんです。つまり、こっちは毎晩ご機嫌うかがいをする……（笑）。

送る朝寒迎える夜寒

福田　今じゃ根こそぎ取っちゃえってやつばかりですからね。昔はよかったね。あの頃は打掛着て座ってましたね？

志ん生　長襦袢の上に打掛を羽織るのです。緋ヂリメンの長襦袢の上に打掛を羽織って、ひょいと右へ持上げるから、下から長襦袢が半分位出ちゃう。おいらんは左褄をとらない。芸者は左褄ですがね。それからこんな厚い草履を素足で履いて、バタバタって歩いてるのはいいですねえ。かっこうがね。その時分は足袋なんかはいていなかった。はかせなかったんです。――送る朝寒、迎える夜寒、廓《さと》の廊下に泣く素足……。

福田　いいですねえ。

志ん生　素足というのはいいもんですよ。色の白い足に青い草履をはいてね。その頃はまた面白い女がいてね――気分のね。金がなくてどうしても行けないというと、自分のものを都合してもあげてくれる。だから、こっちもつい人情にほだされちゃって……女も裸、客も裸になって……しまいにはとうとうあがれなくなって止められてしまう。

福田　キセルを持って、うまいことひっぱっていましたね、客の袖を……。

志ん生　袖口へキセルを入れてねじるんです。そうすると逃げられなくなる（笑）。

福田　それでひっぱられると、もうどうにもならない。上りたくて来てるには来てるんだけど、客の方の心理からいえば、そうしてもらいたくてぐずぐずしている（笑）。まともに女郎屋に真直ぐ入って行けるもんじゃないですよ。

志ん生　五人も六人も並んでますからねえ。遊びたくて来る癖に、俺は遊びたかあねえんだよ、仕様がねえからあがるんだ、というような顔をしてあがるんです（笑）。

福田　あがりたくて仕様がないんだけど、何軒も何軒も歩いて、そのうちに始めのうちにもどって来る……。

志ん生　それから吉原以外にも、宿場といってありましたねえ、品川、新宿……。吉原じゃ源氏名で呼んでましたよ、喜世川、長谷川なんてね。品川へゆくと源氏名では呼ばない。お花さん、お園さん、お菊さん……。

福田　そう、お菊、お園って〝お〟をつけましたね。時代物を書いている人が、小説に出て来る女の名にお菊、お園って名をつけるでしょう。それはまちがってるんだ。というのはお菊、お園と〝お〟の字をつけて呼ぶのは、宿場女郎にだけ許されたことなんです。だから、女郎以外におの字をつけて呼んじゃいけない。それを知らないんですね。いいとこの娘をお園、お菊なんて、これはおかしいですよ。

志ん生　まして自分の家の娘におの字をつけて呼んじゃおかしい。ああいうとこだけの女の呼名なんですからね。結局、何にでもおをつけるのが好きなんですね。

福田　お紅茶、おコーヒー……。もっとおどろいたのはおバナナ……（笑）。

志ん生　いやですね。

福田　いってる本人は大真面目なんだ。大体においてそういうのはザーマス階級に多いね。

志ん生　つい気にしちゃいますね。

福田　関西へゆくとお豆さま（笑）。
志ん生　普通の豆のことをね、豆さんともいいますよ。
福田　師匠なんか、泣かれたことがありましょうね、女に。もてたでしょう（笑）。

取上げた金指輪は？

志ん生　そうですねえ……大してねえ……（笑）。若い頃、わたしは飲んでたでしょう。飲むから女はダメになっちゃう、じきに。まあ、こういうことがありましたねえ。わたしたち仲間の間じゃ、どうしても出なきゃならない場ってんですが……出役ってんですがね。どんなことがあっても出なきゃならないことがある。わたしは行かれませんてことになると、これは恥になっちゃうんです。もう三十年位前でしょうね――三十五、六年前かな、いまの松坂屋（上野）の裏手を入ったところに伊予紋という料理屋があって――伊予紋ってのは、まず東京広しといえども本当に指折りのいい料理でしたね。料理もよかったが、値段もよかった（笑）。その伊予紋でわたしたちの新年会があるのです。料理で、その頃の割前が十円……。
福田　高いな。
志ん生　その代り芸者が来て、なにかがあって、折が出る。見事なものでしたね。ところが、ある時十円出せっていうけど、十円はおろか三円だってありはしない。十円ないから行けないというのは面目ないと思ってるうちに、いよいよ明日にせまった。そこへ女がやって来たんです。ひょっと見ると、左の薬指にこんな幅の金指輪をはめているんですね。こいつを持って行けばなんとかなると思って……（笑）、君の指輪をちょっと借してくれといったんです。するとこれはおっ母さんの形見だからダメです。おっ母さんの形見だからって君、すこしの間なんだから……流しはしない、借してくれ……。いくら頼んでも、はなせないっていうんです。ナニいってやがんでえ、そんなことというとお前とはもう一生つき合わねえよ……。それでも借さない。こっちはシャクにさわるから、女と取っ組合いで一生懸命になって分捕っちまった（笑）。

福田　掠奪か（笑）。

志ん生　そいでもって質屋に持って行ったら、あなた、これはテンプラですよってんです（笑）。

福田　ははァ、だから、女が借さなかったんですね、恥になるから。

志ん生　女がこれは本物じゃないといやあ、こっちもあきらめたのに（笑）おっ母さんの形見だとかなんとか理窟をいうから、無理矢理に取りたくなっちゃった。がっかりしちゃったねえ、あのときは。それっきり女は来ませんでしたよ。

福田　テンプラじゃ来ませんよ、もう。だけど、いいなあ、その女の気持わかるなァ。

元日に質物を受出す

福田　師匠が一番女の方ではなやかなりし頃はいくつです？

志ん生　二十四、五から三十位まででしたね。その頃は、どうしてもわたしといっしょになるてえ女が来て仕様がなかった（笑）。わたしの仲人がね、お前さん、もう女房もらったらいいでしょうっていって来た。いい加減な返事をしてるうちに半月ほどして、ほかの女をズルズルベッタリにひっぱり込んでいっしょにいたんです。そこへね、とつぜん、前の話の女を引張って来られたんです、仲人に（笑）。仕方がないから、いっしょにいた女を戸棚ン中にしまい込んじゃって……（笑）。実はそのとき、仲人に連れて来られたのが今のカカアなんです（笑）。

福田　奥さん、それを知ってたんですか？

志ん生　戸棚ン中に女がいたこともよく知ってましたよ（笑）。そういってました。しかし、今の若い人たちは可哀相ですね。好き合ってもなかなかいっしょに住めないですよ。昔は好いた同志が二円五十銭で二階を借りて、どうにか食って行けたもんですよ。今は出来ませんよね、それが。

福田　その頃のお正月は、どんなことしてましたか？　まさか戸を閉めて寝てくらしてたわけじゃないでしょう？

志ん生　まあね、女房をもっちゃえば、人並みに初春《はる》の雑煮を祝って――。

福田　吉原の元旦は？

志ん生　まあ、中へは七草がすんでから出かけるものでしょうね。わたしは一ぺん大晦日に行ったことがあるんです。――それより元日になると、寄席へ出なきゃならないから、質屋へ行って着物を出しとかなきゃいけませんよ。元日くらいはこざっぱりした着物で行かなくちゃなりませんよ。どうしようもなくて叔母の家へ行った。おっ母さんのお墓を、来年建てなきゃならないからといって、お金をもらって（笑）、そいで中へ行って飲んじゃった。明日の朝になって……。

福田　元旦ですね。

志ん生　質屋へ行ったら閉ってる。前日が大晦日で、朝の四時までやってたんですよ。いくら元旦だから休みだといったって、こっちは着物がなけりゃ寄席へ行けない。こっちの商売が出来ない。それで台所から入って行くと、雑煮かなんか祝ってるんです。着物出してくれったらおどろいたねえ（笑）。今日は休みだってんです。元旦だから縁起をかついでるんです。商売が出来ねえから出せってんで、とうとう出させちゃった。そうしたら、あなたはお客さまですけど、家へはもう来ないで下さい……。質屋に断られたのはわたし位でしょう（笑）。

福田　いいねえ。

志ん生　呑気なもんでしたねえその時分は。明日は明日の稼ぎでどうにでもなった世の中ですからねえ。

福田　一銭でせんべいが十枚来た時代ですよ。タイコ焼が十銭で十二コ、あめ玉が十コ。

志ん生　その前は、電車ってえと上野広小路から品川へゆくのがはじめて出来て、三銭でしたよ。その少し前は十銭あれば床屋へ行って、湯へ入って、そばやへ行って、手打そばで酒を一杯のんで、二銭あまった……（笑）。

福田　ほほう、八銭であがりましたか……。今のせんべいは一枚十円ですからね。昔の十円だと品川へ行って一晩泊れた。遊んで徳利が二本ついたな。

志ん生　下駄なんぞも、今は千五百円もしますからねえ。その頃千五百円あると、下駄屋の大きな店が出来た（笑）。いろいろ変っちまいましたねえ。向島なんぞ、あんな向島ってないですよ、今のは。そうそう、廐橋のとこの鐘ケ淵――あすこにね、昔鯉のヌシがいたんですよ、二間半くらいの……。

福田　ハリボテができちゃったみたいだナ（笑）。

志ん生　いや、それが住っていたんですからねえほんとに。

福田　しかし、そんな大きな鯉なら、水の上に体が出ちゃいやしませんか。

志ん生　だけど、かなりの広さですからね。住もうと思えばね、鯉のことですから……（笑）。

一匹の鰻で四十八人前

志ん生　隅田川というのも、昔はよかったねえ。あすこでもって、白魚が取れたんですよ。

福田　都鳥もいたしね。この前、隅田川の川下に舟で行ったら、大勢の人が集まってるんです。うなぎ釣りだというんですね。そんなに釣れるのかと思ったら、うなぎ釣りじゃなく、ギャンブルなんです。一番でかいのを釣った人に、みんなから集めた金をやる……バクチなんですよ。

志ん生　清遊じゃなくなったんですね。

福田　六、七年前、僕がとったやつは大きかったな。サツマドンコの二寸位のやつがあったから、釣針につけておき針しておいたんです。そうしたらそのへんに、材木みたいなものがプクプク浮かんでるんです。両手で持上げてみたらうなぎなんですよ。

志ん生　大きかったでしょう。

福田　あんまり大きいんで気持がわるくなった。真青になっちゃった。一貫匁近くもあるうなぎなんです。気持がわるくて食えないから友人にやったら喜んで大勢で食ったといってました。僕は一貫匁近いうなぎしか知らないけど、土佐へ旅行して、四貫匁のうなぎの話をききましたよ。カツオを餌にしてとった。あんまりでかいので、香具師が大阪へもってってもうけようと思った。それで大阪へもって行って見世物に出した。四貫匁のうなぎというんで大変なさわぎでね。客が集まった。そのうちに警察が文句をいって来た。四貫匁のうなぎなんて、そんな馬鹿な話があるかってハカリにかけたら――土佐から運んだでしょう、くたびれちゃって二百匁ほどやせちゃってた（笑）。そのことが新聞に出たから、一層それが有名になったんですがね。そのうち、酸素が足りなくなって、うなぎがダメになっちゃって来た。仕方がないから香具師仲間で食っちゃおうって四十人位集まって、うなぎをつかまえて殺そうとした。そしてひどくなぐったりしたんです。そうしたら、うなぎのやつが生きかえっちゃった。うなぎってやつは——うなぎの性格を最近調べてみたんですけど、弱って来たらね、体を傷だらけにしたり、なぐったりしてやると生きかえる。——変態性欲なんですよ。

志ん生　面白いですね。

福田　師匠の道楽はなんですか。

志ん生　骨董ものが好きでしてね。

福田　陶器ですか、絵ですか。

志ん生　紙入れ、たばこ入れ、昔のものが好きなんです。

福田　要するに体につけるものですね。

志ん生　新しいものは興味がない。古いものほど欲しくって仕様がないのです。

福田　そうでしょう、師匠がマンボが好きだといっちゃ困ります(笑)。

志ん生　昔の紙入れやキセル入れなんかは、作る人があれでしょう、——金にしようって気持じゃなく、好きでこしらえてた。だから味がちがうんです。欲ってものがないでしょう?

こんなオチはいかが?

福田　今までおやりになったもので、一番いいオチだと思った落語《はなし》はなんですか。

志ん生　そうですねえ、いろいろありますよ。だけど、話の下げもずいぶん種類がありますね。まあね、わたしたちがバレといってるものにいいものがあるのです。

福田　しかし、バレじゃ公開の席では演れないでしょう？

志ん生　ええ、お客によばれて、座敷やなんかで演ってくれといわれれば演りますけどね。変にとるからいけないんですよ。

福田　僕も三つ位きいたことがあるけど、高座でやっても決しておかしくないと思いましたよ。

志ん生　こういうのがあるのです。――昔はいいとこの娘でも、行儀見習いといって、大名屋敷へ奉公へ行ったでしょう。奉公へ上るてえとみんな女ばかり。年頃になって来ると男なしではいられない。といって不義はお家の御法度、男は絶対に近づけられない。そこへつけ込んで商売をはじめたのがハリガタ屋、つまり男の代用品ですね。両国のヨツメ屋なんぞへ、御殿女中がこれを買いにやって来る。ある家の娘が、やはりこの御奉公に上って、体の具合が悪くなって帰って来た。医者に診せると妊娠しているという。おっ母さんがおどろいて、娘に相手は誰かときく。娘は相手なんかないというんです。相手がなくて妊娠するわけはないと問いつめて、娘の手文庫を調べたら、中からハリガタが出て来た。お前これで赤ん坊の出来るわけがないよといって、ハリガタの裏をかえしたら、左甚五郎作と彫ってあった……（笑）。左甚五郎の作ったものは、生き物のようにとび出るという、あれですね。

福田　なるほど、きれいなオチですね。――ところで師匠は、毎日何度召上るのですか、お酒は。三度位ですか?

志ん生 四回です、朝、昼、晩、夜中(笑)。だから、一日に一升飲んじゃいますね。

福田 それでしんしょう(志ん生)つぶした、ですか(笑)。

とかく浮世というものは……

青木一雄と

旅先の台風で命拾い

青木　台風も、まァ東京はこの程度でよかったですね。

志ん生　これであたしぐらいの年配になってくるてえと、台風だの、地震だの、強盗だのと、随分出くわしてるんですがね。だから、いろんなことをして、避けて生きて来てるんでね。

青木　まともにくらっちゃかなわないからね（笑）。ところで師匠、今まで一番大きな嵐に遭ったというと……？

志ん生　ひどい嵐に遭ったてえのは、あたしの若い時分、巡業してましてね、それが女義太夫の一座なんですよ。女義太夫の中にあたしゃ落語でもって入ってたんですね。それで方々歩いたんですよ。

青木　そりゃいつごろの話です？

志ん生　そうね、三十七、八年前ですね、旅先でね。方々廻って、新宮という所があるんですね。紀州の那智の滝のある所に、日之出座という大きな小屋があるんですよ。その日の出座に、——こっちは女義太夫だから女が十二、三人いましてね、あたし一人が落語。

日之出座というのはかなり大きな小屋で、楽屋も行き届いていて、綺麗なんですよ。地方の小屋てえものは、みなきたねえもんですがね、そこは綺麗なんです。「ここは綺麗でいいや」とこう思ったんです。そこに座の奴が来て、「すみませんが、楽屋に寝泊りして貰いたい」とこういうから、「ああ、いいですよ」「この前は浪花節の人が来て、宿屋に泊ったんですけど、楽屋のほうがナニがいいですから」とこういう。あたしもなかなか景気のいい時分だからね。浪花節が宿屋に泊って、こっちが楽屋に泊るてえことがなんだか嫌な気がした。「じゃ、俺たちも宿屋に行こうじゃねえか」といったんです。「でも宿屋よりここのほうが綺麗です」「綺麗、きたないじゃない。浪花節が宿屋で、俺達が楽屋に泊るてえことじゃ面白くねえ」といって、結局、中嶋屋という宿屋に連れて行って貰った。

それで五日の興行です。ちょうど五日目の千秋楽《らく》の日、楽屋に入る時に、当り前の雨が降ってたんです。十時頃にはねたんですね。はねて小屋を出た時にひどく雨が降って来たんです。「なんだ、随分ひどいな」といって、宿屋に行って、一杯飲んでるうちに嵐になって来たんです。それがひどいのなんのってね、電信柱が折れちまうんだから……。

青木　ヘエ、折れた⁉

志ん生　夜中にあまりひどいんでね、これはどうなっちゃうだろうと思ってたんです。翌る朝になったら好い天気になっちゃってね。そしたら小屋が潰れてたんです。

青木　小屋に泊ってないでよかったですね。

志ん生　だから、あたしゃそういってやった、「あたしがみんなを助けたんじゃない。これは自然のものだけれども、しかし有難うぐらいいっても悪かねえナ」ってね（笑）。それが一度と、それからあれは何年だったかナ。それもやっぱしあたしが二十五くらいの時分でしたね。三十日《みそか》で席が休みで、浅草の仲の町に寿司屋があるんですよ。寿司屋の二階を借りてたんですがね。休みだし、ちょうど友達が来たから二人で飲んで、馬鹿ッ話をして、十時頃になって友達がけえろうとしたら降って来た。「泊っちゃいな。これじゃ帰れめえ」といってるうちにひどくなって、雨戸なんぞ危ないんですよ。それから二人して、なんでも構わねえからドンドン釘づけにしちゃった。明日の朝になったら、その釘をどこに打ったんだか分らなくて、戸が開かなくなっちゃった（笑）。

青木　落語にある「しめこみ」だね。たしかに昔は台風なんぞ、来るまで分らないんだから……。今でこそいろいろ云うけどね。

台風予報は有難迷惑

志ん生　これがいいかどうかという意味で、よくあたしゃ考えるね。以前のようにパッと来ちゃって、「嵐だ」てんですんじゃうのと、いまはどうかすると、三日ぐらい前からラジオでいろんな事をいってるでしょう。風の音まで録音に入れて聞かしたりね。こっちの方に上陸するかもしれないなんていわれると、そればかり考えるようになっちゃって……。

青木　しかし、師匠、今の方がいろいろと準備が出来ますよ。ろうそくを買ったり、懐中電燈を買ったり、さっきの釘を買ったりさ（笑）。

志ん生　だけど、その間がねえ。それから当るというのは、まずそういっちゃなんだけれども、五たびに一ぺんかナ。

青木　そういうことはありますね。

志ん生　そうすると、なんだか人間てえ奴は、表でもってものに転んで、向うずねをぶっつけて痛てえと思うけれども、それが二時間くらい前に、これから痛い思いをするてえことが分ってたら、その間がとてもいやですよ（笑）。

青木　しかし、嫌でも台風だけは、前もって知らしとかないと危ないナ。

志ん生　明治の時代には、嵐が来るとか来ないとか知らないで、「オヤッ嵐だ」てんで、戸をおさえる。それですんじゃう。いまは昔から思うと、ひどくなってきたんですかね？

青木　いや、むかしもでかいのがありましたよ。

志ん生　以前はコンクリートの家なんぞなくて、当り前の木造建てでね。それでも新聞などでたいした嵐でどうしたのこうしたのなんて、見たことないですよ。いまはひとの苦労をこっちが引受けるというあれですよ。以前は東京だけなんだ。九州なんぞ知りゃしねえんだから……。

東京だって、品川あたりになんかあったてえことは、下町にはあまり分らなかった。第一、東京にゃほんとうにひどいのは来ませんよ。東京に来る時は、みんな弱くなっちゃうから……。

青木　台風としても、そうは息が続かないから……（笑）。

志ん生　だから、東京という所に陛下のお住居をもって来たんですよ。

青木　成程……なかなか考えてますね（笑）。

志ん生　だから、京都のナニを東京に遷したんですよ。たまに上ってくるヤツは、これは仕様がないんだよ。

青木　むこうとしても、いろいろ都合もあるだろうから……（笑）。怖いものに地震、雷、火事、親父とあるけれども、台風というものは入ってませんね、そういえば……。

志ん生　嵐にはあまりおもきをおいてなかったんですね。雨に風を交えてくるだけだから、たいして考えてなかったんですね。

青木　昔はそう位《くらい》がよくなかったんですナ、つまり（笑）。

昔の商売と今の商売

青木　しかし台風が来るか来ないかによって、米の出来高も違って来ますからね。昔は土用に入って三日照りこめば、米の相場が下ったという話がありますけれども……。まァいまの調子なら豊作らしいですが、それにしても東京あたりは、ちっとも値が下らないでしょう。これはどうなんでしょうね。師匠達の自炊していた頃は、一升いくらですか。

志ん生　一升二十銭ぐらいでしたね。十五銭から二十銭というところでしたね。

青木　いまは米の出来る所あたりじゃ、配給の米よりもヤミのほうが安いといいますがね。むかしも米が出来るか、出来ないかで値段も違ったでしょう？

志ん生　ずっと安くなったですね、出来れば。もとは、米屋が値を下げたんですからね。

青木　だから、あの店は勉強するとかなんとかいうことがあったけれども、今はそれがないわけですね。

志ん生　わきでは一升二十二銭で売るのに、そこの家じゃ二十銭で売るというようなのがあったんです。二銭安くしてはかりを二銭ナニすれば、同じになっちゃうんです。

青木　むかしは目方でないから、計り方でずい分違うんですってね？

志ん生　違うんです。すっとこくのでね。桝《ます》に入れるでしょう。銀の棒みたいのでスーッとやってあけるんですよ。そしておまけするフリをするんですね。それで買う人の気持を見るんですね。むこうの米屋じゃちっともまけやしねえといえば、まける方に買いに来らァ。

けども、この計り方で、どうふえたかなんてことは分りゃしないね――これは呼吸もんだから。しかし人の眼には、計りを後からナニすることで、大変気分がよくなるもんでね。米がそうだから酒は尚更ですよ。

青木　酒屋のあれがね。

志ん生　ジャーッと出して、その後ジャジャジャジャとコボしますよ。漏斗《じょうご》の中に枡が入ってるのにジャーッ、ジャジャジャジャとやるでしょう。枡が一杯になって、枡から酒がコボれる。その時にキュッと樽の口を締めるんです。

それをカカアが計るとコボさないですよ。一合キッチリにするんです（笑）。だから、かみさんがいたら買わずにけえって来ちまえなんて、みんないってたもんです。それだけ女てえものは、やっぱりケチなんですね（笑）。

よく枡でサーッとナニして、後から減らすのがあるけれども、あいつはどうも見ていて気分が悪いね。少なくしといて、後から足すてえなら気分もいいけど、へらすほうは、買う奴には気持が悪いね。

だから、昔の商売てえものは、年期を入れなければ出来なかったもんですよ。ザーッと余計入るように見せるような計り方をするんですよ。それがうまいんですね。

青木　いまは、終戦直後から見りゃ、大分直って来たとはいいながら、一時は商人の鼻息も大分荒かったですね。

志ん生　昔は煙草だろうと何だろうと、政府でやってたわけじゃないんだから。だからあそこの煙草のほうが安いとか、うまいとか——その時分巻煙草じゃなくて、刻み煙草でね、こうトンガラかった袋に入れたものを出したもんですよ。それも手前んちで詰めるんだから、盛りのいい家とわるい家とあるんですよ。そうすると、安い家を狙ってナ、買いに行くんですよ。それだから商売に面白味、うま味があったんですね。

青木　そうすると、やっぱり統制といいますか、おかみの方で、キチンと枠にはめてやるより、そのほうが面白いということになりますかね。

志ん生　自分自身の智慧が出て来て、競争心が出て来て、よそよりいいものを安く売ろうというサービスする気持も湧いてくるんだが、それがこんにちのようだと、いいのが出来ない。

青木　近頃、煙草を買うのは電車のキップを買うのと同じですものね（笑）。

志ん生　けれども、あれが政府の方の収入《みいり》になるんですからナ。

日本酒一筋で五十年

青木　いま酒の話が出ましたがね、師匠はナンですか、日本酒一方ですか、昔から……。

志ん生　ええ、そうなんです。あたしゃ洋酒てえものはどうも合わないんです。

青木　いつごろからです、飲み始めたのは……？

志ん生　十四ぐらいからです。
青木　一番飲んだ盛りというものは、どのくらい行ったもんですか。
志ん生　（かるく）二升ぐらいですね（笑）。
青木　どのくらいかかって飲むものなんですか。
志ん生　一ぺんに飲んじゃう。
青木　一ぺんにガブガブと……？
志ん生　そうですよ。そう飲まなきゃ飲めませんよ、二升なんてものは。そうでないと、それまでに、酔ってきちゃうもの。酔って来ちゃったら飲めませんからね。飲んで愚図をいってたひにゃ、飲んでるうちに酔っぱらっちゃうんです。だから昔の豪傑が何升飲んだとかっていうでしょう、あれはみな冷酒《ひや》ですよ。
私の知ってる人の弟さんでね、……まァ葡萄酒ひと猪口飲むと酔っちゃうんです。ところがその兄さんの方は、強いんですよ。去年だか、どこかの神社に行って、そこに三升入りの木盃があったんです。それに酒をついで貰って一ぺんに飲むと、その中に金文字で名前が入るてんです。
青木　ははあ……。
志ん生　その人は、あれで飲めるかしら——その前の年に羽黒山が来て飲んだってんだ。中を見ると成程金文字で羽黒山の名前が入ってる。飲めねえことがあるもんかてんで、三升ついでもらった。ところが、その盃が持ち上らないそうです。関取ならぐッと持ち上るんですね。仕方がねえ、まわりの人に盃を持ってもらって、口をつけてグググーと、とうとう干したんですよ。それで名前がそこに入った。

誰でも名前を入れたくなるよ。だけど三升てえのはちょっと骨ですね。二升ならあたしだって飲めますよ、いまでも。

青木　いまでも!? ハア（笑）。立派なもんだナ。

志ん生　あたしの若い時分には、賭けといっちゃおかしいけれども、待合なんぞに行くと、さんざん飲んで、酔っぱらっちゃってから、新しい五合桝を買って来て、それに冷酒をつぐんですよ。それを飲めば五円金貨が貰えるてえ懸賞だ。五合くらい飲めると思うでしょう。それが飲めないんです。新しい桝を口のそばまで持って来ると、桝の匂いがプーンと来て、どうしても飲めない。そうするとやめるでしょう。そんなことを何度もしちゃ、しまいには人力に乗ってへべレケになって帰って来たことがあります。

青木　酒をそれだけ飲むと、食事のほうはどうですか。秋は食が進むといいますがね。

志ん生　一日に三膳くらいね。間にもなんにも食べないんです。

青木　操は正しいね。酒一筋ですナ（笑）。

ドサ廻りのロマン味

青木　また旅の話になりますが、今まで沢山旅をされて、一番たのしかったという旅にどんなのがあります？　面白かった旅てえのは……。

志ん生　やっぱり煙草銭がない、酒が飲めないという場合にね、煙草だの酒だのを持って来て呉れる贔屓があるんですよ。それが一番たのしいね。

その小屋なら小屋をいくらてんで、買っちゃうんですよ。だから、ここの小屋へ客が五十人入るてえならそれで、小屋の電気代だの損料だのを払って、五十から余計に来れば、それでもってこっちが米を買ったりなんかして自炊するんです。ところがよく出来てるもんで、あと三十人くれば、一杯飲めてというヤツが、三十は絶対来ないんです。やっぱり十かそこらしか余計に来ない。――そこはよく出来てるんだ（笑）。十くると十の金で米を買いに行く奴があるし、鮭の切身を買ってくる奴があるしね。そういう生活をしてたんですから……。

だから、近所の小料理屋の女中が来たりすると、これを取巻いて、ちょっとせしめるとか、客の飲み残しの酒を持って来てもらったりして――。しかし、そういうふうに渡り鳥みたいに歩いてるのも、やっぱりたのしいですね。なんの苦労ってものも別にないですからね。患らったりするなんて、そんなことは考えてないし、東京をしくじって飛び出しちゃった身体だから東京に帰ったって家もないし、なんにもない。

そうやって食べて歩いてる途中で、その一座のやりくりがつかなくなって解散しちゃう。そうするとよその座に入っちゃうんです。

青木　そういうつながりはあるもんですか。

志ん生　何かしらあるもんです。そこに行って入りこむんですよ。浪花節の中でも、なんの中でも飛びこむんですよ。そして旅から旅を歩いてる。もっともその時分にゃ、世の中がのんびりしてたからね。旅先でいろんなことをやっちゃ、結構暮して行かれましたからね。

青木　その時代ですか、師匠が踊りの師匠をやったというのは？

志ん生　そう、仕様がなくてね、そういうことをやったんですがね。

青木　弟子を集めて教えたんですか、旅先で……。

志ん生　ええ、弟子を集めて、踊りをおせえてやってね。そうするとね、今日おせえた踊りの手を明日おせえると、手が違っちゃうんだ（笑）。

青木　手違いだ、こりゃァ……（笑）。

志ん生　それはどういうわけかてえと、あたし達の踊りは、はな、師匠のところに行って習ってるんだけれども、寄席の踊りはアテブリといって、同じ手じゃいけないんですよ。同じだと、今日見た人が明日来て踊りをみると、同じ手になっちまうから……。だからアテブリといって、自分の思った通りの手を用いてやるでしょう。そういうのを素人におせえるから、素人はまごついちゃうんですよ。

青木　「お師匠さん違います」ってわけですね。そういうときはどうするんですか？

志ん生　「なんでもいいんだよ、自分のいいように踊ってれば。踊りは一つのことを踊っちゃ駄目だ」とかなんとかいってね（笑）。

大連からは泳げない

青木　しかし、その時分から思うと、この頃の旅は歩くたのしさはなくなっちゃったでしょうね。

志ん生　いまの旅なんざ、話にもならねえ。昔は十日くらい——その土地のなんとかを十日くらい打ってるんですから。またお客も好きで来るんだからね。それもちゃんと木戸を出して来るんだから。それにいまは一晩々々でしょう。味もなんにもありゃしないですよ。

青木　われわれの旅にしろなんにしろ、バスというものがどこまでも行きますね。

志ん生　またこのバスてえのは、人を乗せて崖から落っこったり、ありゃ実に無責任なもんですね（笑）。

青木　ほんとにバスの事故は、多いですね。

志ん生　バスに乗るには、水盃かなんかしなければ乗れないわ（笑）。

青木　実際バスは、事故が多いナ。いろんな原因があるだろうけれども、バスが大きくなったわりに道がよくなってないんじゃないですか？　乗ってたってハラハラする所を通りますよ。

志ん生　それから踏切ね、ずい分犠牲者がありますね。それも後から「今度は気をつけてどうする」なんてね、事故が起ってからなんのかんのというんだからね。押売りが帰っちゃったあとで、木戸を閉めてるのと同じでね（笑）。だからあたしゃバスなんか乗るのは嫌いだから、田舎に行くと、バスには乗らないんですよ。それと飛行機ってものが嫌いですね。

青木　師匠、飛行機は嫌いですか。

志ん生　大嫌い。だから大辻（司郎）があたしに飛行機々々々というのを、「あたしゃ嫌だ」といってやったんだ。「なんで嫌なんだ？　自動車より、汽車より事故がないんじゃないか」「でもあたしは嫌だよ。あれはプロペラがグルグル回ってるから飛べるんだ。もし回るのが止っちゃったら、落っこっちゃうからね。電車やなんかの事故と違うんだから」と、そういってやった。人間てえものは――あたしゃ自分だけの考えだけれども……。

青木　伺いましょう。

志ん生　人間てえものは、高い所を飛んで行くというふうに出来てるもんじゃない。人間てえものは、地面の上を歩いてくように出来てる。鳥は高いところを飛ぶように出来てる。もし鳥が高いところを飛ばないで、地面のところを歩いてたら踏みつぶされるか、捕まえられちゃうよ、こりゃァ（笑）。

青木　師匠は大辻さんと、あの時一緒に行く筈だったんですか？

志ん生　あたしゃ断っちゃった。あの時はＫＲであたしゃ録音しようという前でさ。大辻が、「これからあたしは出掛けるからよろしく」と握手してね。こっちも握手したんだけれども、大辻とこまかい話をしていられないですよ、録音のことが気にかかるから。それで大辻と別れたっきり。惜しい人でしたよ。人間は実にいいもんでしたよ。（註――大辻司郎氏は昭和二十七年四月九日、日航機もく星号で九州に向う途中、墜落事故で全乗員と共に死亡した。）

青木　天意に逆らうわけだね、人間は飛ぶように出来てないんだから（笑）。

志ん生　だから、あたしゃ北海道でもなんでも、遠いところに行ったことがないんですよ。どうして行かないんかというと、あたしゃ終戦前に満州に慰問に行って、そしたらとたん終戦になって、二年間満州に閉じこめられちゃって……（笑）。それ以来乗物がなければ帰れないような所は、嫌だと考えましたね。どんなに遠くたって陸続きなら、歩いたって帰れる。船にのらなきゃ帰れないとなると、泳いでは帰れないんだから（笑）。ところが、満州にいたとき泳いだ奴があるんですがね。勇敢な奴があるもんだね。大連から日本まで――そして途中で帰って来やがんの。行かれねえてやがんの（笑）。

青木　師匠、泳げますか。

志ん生　泳げますよ。だけれども……。

青木　（受けて）まさか大連からは、ちょいと泳いで来られませんからナ（笑）。

今の若い人は可哀相

青木　師匠は相撲をご覧になりますか？

志ん生　相撲は好きですね。せんはずっと行ってたんですがね。あそこで酒を飲みながら見ていると疲れちゃうんですね。この頃は仕様がねえからテレビでもって、ごまかしてるんですがね。

青木　師匠、プロレスと相撲とくらべて、どっちが好きですか。

志ん生　あたしゃ相撲のほうがいいね。プロレスも面白くていいんですけどね。場合によると、叩き伏せられて、また起き上ってやってるのを見ると、この人達はよく身体がもつもんだと思うね。あんな真似をされたら、少しの間動けねえもんだがなァと思うけれども、それがまた動いている。それが、あたしは分らねえ。なんたって人間なんだから、そう動けるものじゃないと思うが、そういうへんがまた、人気を呼ぶあれじゃないかとも考えますがね。また反則なんてものも――あれを当り前にやったら、学生がやってるようで面白くもなんともなくなっちゃう。

そういうことが、プロレスの相撲にはない面白いところでしょうね。つまり真剣味に行きゃ、なんだって面白いですよ。だからあたしゃ拳闘も好きですね。特に拳闘とくると、こいつはえこ贔屓なくやってますからね。

青木　拳闘が好きだというのは、なかなかモダンだナ（笑）。

志ん生　ボクシングは、やっぱし殴りあっている間が多い程、面白いね。あれは両方でもって、パンチの激しいほうがいいですよ。一々クリンチばかりしてちゃ、ジレったくなっちゃってね。それを見に来てるんだから、ポンポン殴りあいをするほうが溜飲が下るんだ。

青木　やっぱり師匠は、江戸ッ子だナ。

志ん生　野蛮だといえば、野蛮だけれども、面白いよ、そのほうが（笑）。両方が睨みあってばかりいると、客のほうが、じれったくなっちゃってね。たえず両方でやり合わなきゃね。

青木　師匠はなかなか新しくて、ボクシングとかプロレスとかのファンだけれども、太陽族という言葉を知っていますか？

志ん生　あたしゃね、ああいう方面には、関係しないんですよ（笑）。

青木　いや、関係しないけれどもさ、愚連隊とか、太陽族とか、そういうものはその時代々々に現われる形だけれども——そういうのはいつの時代でもあるんでしょう？

志ん生　昔だってああいうのは、いくらでもあったですよ。昔のほうが、ひどかったかもしれませんね。今は警察がこれだけ行き届いてるんですからね。昔はやくざで少し羽《は》振《ぶ》りがよかったら、町役人のほうで、手を出さなかったもんですよ。

昔は一町内に何とかかんとかで、博打——賭場を張って、そこに乾分《こぶん》だのやくざだのがいて、始終博打をやってたもんですよ。そこの親分の所に十人、二十人、三十人と身体を張る奴がゴロゴロ厄介になっている。ウッカリ何かやると、やった奴のほうがひどい目に遭っちゃうから、みんななるべく近寄らないですよ。

青木　太陽族とかなんとかというのは、若い男や女が、おおっぴらにいろいろやってるんですが、師匠の若い時代てえのは、男女関係でも今のようには行かなかったでしょう？

志ん生　ええ。

青木　もちろん手を握ったり、腕を組んだりして歩くなんてわけにはいかない。どうです、あれを見て、師匠……？

志ん生　あれはむこうのが入ってきたのを真似して一緒に歩いているんじゃないですかね。道の悪い所や危ねえ所を、手を引っぱって歩いてるのはいいけど、なんでもねえ所を手にすがりついて一緒に歩くてえのは、なんの意味であんなことをするのか……。

青木（受けて）げせない……。

志ん生　そんなことのどこがいいのかと思うね。

青木　師匠達は、あんなことをしなくても結構よかった？

志ん生　ああいうことは、蔭でするから値打があるんでね。

青木　師匠達の若い頃は喫茶店もないでしょうし、そうすると若さのはけ口というものは、どういう所です？

志ん生　稽古やなんかが多いですね。踊りの師匠の所やなんかがね。一緒に「お軽勘平」かなんか踊ったりしてるうちに二人が出来ちゃって、二人で自分の家を逃げ出しちゃって、どこか知っている小母さんの家やなんかに飛込むと、その小母さんてえのが、「じゃ、しばらく家の二階においでよ」てなわけで、親が心配して探してるうちに、片方は子供が出来ちゃう。子供が出来ちゃったんじゃ仕様がないから……というのが多いんですよ。

青木　かえって今より積極的かもしれませんね。

志ん生　それをオッコチてんです。二人でいっしょになれない、別れてもいられないから、二人で逃げちゃう。どこかの家に入ると、どこの家でも貸二階なんてくさる程あるんだから（笑）、三円か二円でひと月いられる。

青木　そこへ行くと、今は駆落ちしたくたって、家を借りるには、権利金がいるしね（笑）。

志ん生　だから、今はかえって面倒くさいですよ。昔はなんにもなくったって夫婦になれるんですけれども、いまはどこかで結婚式をして、新婚旅行をするとか、若い奴はなかなかいっしょになれませんよ。いっしょになっても食えないんじゃない？

青木　二階はあいてないし……（笑）。

志ん生　男だって、女房を食わして行く力はないし……。だから若い女は——少し利巧な女は、若い男なんか相手にしないよ。

むかしは「あの人ちょっとようすがいいよ」なんていうと、すぐいっしょになったけれども、いまはそうはいかない、食えないから。だからそこで考えちゃうってわけだ。

したがって、堂々と両方のナニで結婚出来るというふうでないとね、当人同志でいっしょになるなんてわけには行かないや。

おしゃべり道中

大宅壮一と

生きている春団治

大宅　このあいだの森繁の春団治、あの映画ごらんになったですか。
志ん生　ええ、見ました。
大宅　ああいう世界は、ほんとにあるんですかね。
志ん生　大阪はあるんですね。大阪はねえ、肩入れといってね、女が肩入れをするような芸人でなきゃ、大阪はいけないんですよ。
大宅　若い連中が見て、あんなにもてるんなら、という気持を起すが、今なら映画俳優ですね。
志ん生　そうですよ。その時分にはね、芸人はね、女がそういうことをしたことは、いくらもあるんですよ。女のできないような芸人なんぞはしようがない。芸人の女房も、自分の亭主に〝いろ〟ができないような芸人じゃしようがねえてんで、かみさんがけしかける。

大宅　関東じゃ、ああいうのはないですか、女の方で入れあげてくるというのは……。

志ん生　まあ、昔はあったんでしょうけれどもね。東京の人間は、つまり女から何かもらうてえことは、人に聞えてね、なんだということがあるんですよ。

大宅　師匠は、春団治さんとは、つき合いがあったんですか。

志ん生　ええ、仲よかった。一緒にずいぶん飲みました。

大宅　金の問題は、ああいうふうにだらしなかったですか。

志ん生　ええ。あんな人も珍しいですね。

大宅　あんなに、みんなにもてたのですか。

志ん生　あれはこしらえですね。薬屋の後家さんのところに入り込んで、そのころ三十万円の財産があったてえことです。四十年も前に、それをみんな使っちゃったんですよ。自分の仲間でもって、お金のとれないやつを家へ呼んで飲ましちゃった。料理番を置いて、飲んだり食ったり、きれいに使って死んじゃった。五十幾つでねえ。

大宅　しかし、芸人の中でも、落語家は、イカモノ好みの女がくるんじゃないですか（笑声）。あんまり二枚目じゃないですからね。

志ん生　かえって向こうの方が人を食っておるのもいるんですよ。東京にも、わたしの知ってるやつで、上野の鈴本ではじめて看板を上げて、表に出たら、年増のちょっとした女が「師匠、いまわたしも聞いてたんですが……」てんで、そこらの喫茶店かなんかで一杯飲んだんですよ。いやに向こうが色っぽく持ち込んできてね、宿に二人で泊まったんですよ。そうすると、それがたいへんな濃厚なんですね。寝ようと思うとね、女が起してね、くたくたになっちゃった（笑声）。

大宅　終夜運転ですか。

志ん生　それでね、ぐっと朝寝しちゃってね。ひょっと目がさめたらねえ、自分の着物から紙入れから全部みんな持ってっちゃった（笑声）。

よかったネ四国道中は

大宅　四国の宇和島で、だいぶいろいろやったそうですね。芸者を集めて踊りを教えたり……。

志ん生　近所の若い人をね。それがね、ご難しちゃった。宿にいたらば、近所の人が踊りを教わりたいというんで、若い人をみんな集めてねえ、踊りを教えるのですけれども、わたしたちの踊りてえものは、ちゃんとした踊りじゃないのだ。アテ振りといってねえ。つまり、そうでないとお客が飽きちゃうんですよ、同じような踊りじゃね。きのう右の手出したって、今夜は左の手を出す。アテ振りですからね。そうするとね、来たやつが、きのうこっちだったが、きょうはこっちですね、という。そのうち土地の検番からねえ、けいこに来てくれと言われたんですよ。芸者はコレじゃあダメなんですよ。夜逃げしましたよ、そのときは……。

大宅　宇和島というところは、そういう芸人なんか大事にするところですね。

志ん生　派手なんですね。そんなことして歩いているうちには、おもしろいもんですよ、わけのわからないところに飛び込んでってねえ。四国のある町ですがね、そこの女は土地のもんとは関係しないんですよ。土地の若いもんと関係すると、あとがうるさくてしようがない。だから来る芸人と浮気をする。立ってっちゃうから、あとくされがない。そこへわたしたち行ったことがありましたがねえ。あそこは大変でしたよ。とにかく高座から下りると、女が十人ぐらい取りまいておる。だから昔は、どこへ行ったって、ただイロするくらいのことは、ナニしましたがね。行った先々で何かしらんあるんだ、おかしなもんですね。

大宅　それじゃあ、あんまり買う必要はなかったですね。

志ん生　遊びもずいぶんしましたけれどもね、まあその方が多うがした。ぐるぐるまわってると、三年や五年すぐたってしまう。それでこんど東京へ帰ってくるてえと、まるっきりダメ、東京のお客の水に入らない。いなか回りになっちまうからね。また旅に出る。わたしなんぞは、ずいぶん旅してましたね。これでも東京へ帰って、自分が東京でやれるのかと思って……。

大宅　その間、お宅の方の生活はどうしているんですか。

志ん生　それは若い時分ですから、まだ一人で……。

寄席から寄席への旅

大宅　結婚してからも、出られたでしょう。
志ん生　その時分にはあんまり出なくなりました。出ても、大阪へ行くとか、名古屋へ行くとか、ああいうところへ行ってすぐ帰って来ちゃう。昔は旅から旅に順に歩いておられたんですよ。どこに行ったたって、ちゃんと寄席というものがあったんですから……。そういうところにわたしら一人で行くんですけれども……。静岡なら静岡へ行って「一つやらしてくれませんか」というと「ああおやりなさい」すべて向こう持ちで、暮れ方になると、自分でもって一番の太鼓を入れといて、そこの家の表に、アンドンに「東京大落語」なんとか書く。税金だって一文だって出るんじゃないし……。そうすると、土地には映画もなきゃ何もないのだから、夜になると、退屈なやつが二十人でも、三十人でも出てきますよ。木戸取って、そいつを半分ずつ分けてね。そこで二十日も一と月もやってるんだから、ネタはいりますね。だからずいぶん自分の修業にもなりますよ。
大宅　ついでに、浪花節や講談もやってくれなんて言わないですか。
志ん生　続きものをやるんですよ。持たないんですよ、一人でもってやるんですからね。だから、落語もやれば、講談みたいな人情ばなしもやりましたね。その時分に、雲右衛門という人が売出し最中でねえ。浪花節がはやっちゃってね。落語ときた日にゃ、田舎じゃわからないのが多かったですよ。

大宅　鑑札を持って出かけるんでしょう。

志ん生　鑑札はねえ、年に二度なんです。税金がねえ、一年に三円かなんかで、一円五十銭持っていくと判を押してくれる。判が押してあれば半年は通用するが、税金が払ってないと、判がない。もう通用しないんです。その一円五十銭の税金が払えないで、ずいぶん苦労しちゃいましたよ。

大宅　一番安い手当というのは、幾らから始まるんですか、一日出てもらうお礼ですね。

志ん生　そりゃあ、東京じゃあねえ、お客の頭でね、その人間によって幾ら幾らといって価値があるんですよ。俗に一文上がりといって、ハナが二厘……。

大宅　それはどういう？

志ん生　お客の頭一人に二厘、三厘、四厘、五厘となってくるんです。その人間の位置によって……。まあそのころ五厘てえと真打ちですよ。われわれはね、一番はじめに前座からかけ持ちくらいになって二厘、二厘でお客が一束（百人）くると二十銭ですよ。だけどもねえ、まだ、一束の客の頭を見るような席へは行かれない。みんな端席といってね、お客の来ないところばっかり行くんですよ。

今の名人位はお酒

大宅　師匠は、飲む、買う、打つ、ともに達人だと聞いておるんですがね。そのうちどれが一番名人の域に達しておるんですか。

志ん生　みんな好きですね。今はねえ、打つってえことは、もうどうも時世もんだから、やらないですがねえ。
大宅　もっぱら飲む方ですか。
志ん生　ええもう。うちにも若いもんがいるからね、そう家も明けられないしね、しようがないけれども……。昔はなんですよ、十日ぐらい家に帰らなかったことがありましたよ。
大宅　しかし、まだ買う方は多少きくでしょう。
志ん生　さあ……若いのがあれば……（笑）。こういうような（女中さんをチラリ流し目で）若い子ならね（笑）。
大宅　マージャンなんか覚えたですか。
志ん生　マージャンはやらない。花ですよ。
大宅　カブかなんか……。
志ん生　カブとかコイコイとか、前は丁半ですよ。わたしなんぞひどいね。ト（賭）場でやって、すっ裸になっちゃって、わたしのオヤジは武家出ですから、そういうことはやかましかった。
大宅　お宅は、ヤリの師範かなんかだって？
志ん生　そうです。徳川直参で三千石取ってたよ。そのセガレに生れたのが、わたしのオヤジさん。わたしのオヤジは、武士でいながら武士がきらいでね。表に出ると、頭をかくして大小を片づけちゃってねえ、芸人と一緒に楽屋へ入っていっちゃうんだ。そのうちガ（瓦）解になってねえ、徳川から、武士がロクがなくなっちゃったら食うに困るだろうというので、金がみんなに下がった。これで何でも商売しろてんで、わたしのオヤジは八百両下がった。

オヤジは異人の用心棒

大宅　大したものですね、当時の八百両といったら……。

志ん生　明治初年の八百両ですからね、いまの下谷のところの地所が、一坪五十銭で買い手がなかった時分の八百両。それをね、士族の商法でねえ、ダメなんだ。いろんなことをして、人におだてられたりして、スッテンテンにすっちゃった。でもう、しようがないんで、横浜へ異人が来るでしょう、その横浜異人館の護衛について行った。

大宅　その腕前は……。

志ん生　武士の生れだから、そんなになまけもんでもまあ相当できたんだ。それでしまいに本郷署に勤めて警部までいったんですよ。で、わたしがそういうことをするから、てめえの道楽はタナに上げちゃってね。

大宅　勘当したですか。

志ん生　ええ、家を飛び出して……。とにかく上野の戦争のときにね、屛風坂を上がるのにね、両よこねが出ちゃってねえ。刀をツエにしてあそこを上った。そういうような人間なんですが、それでもやっぱし武士は武士だから「貴様なんぞは、昔ならヤリ玉に上げちゃう」と言うんだ。家にいると殺されそうなんで、わたしゃ家を飛び出した。おふくろが、危ないから家に帰って来ちゃダメだと言うんで……。

大宅　兄弟はあったんですか。

志ん生　四人、わたしで五人、みんな死んじゃって、わたしだけ残った。飛び出してから、あっちへ居候、こっちへ居候してね。とうとうこんな中へ入っちゃったんですよ。考えるてえと、第一、親の死に目にも合わないしね、わたしゃ、家に寄りつかないから。だから今になって、親不孝しちゃってああくやしいなと思うんですね、だからわたしゃ、おれは親不孝をしたんだから、満足な死に方をしないにきまってる、それが当り前なんだと思ってるんです。おふくろの死ぬときは、わたしの名前を呼び続けて死んじゃったんです。

大宅　やっぱり道楽息子は可愛いんだね。

志ん生　ほんとにハシにも棒にもかからない、自分で自分に愛想がつきちゃって、しまいに、おれはどうしてこんな人間なんだろうと思うことありましたね。それを考えると、今のわたしのところのセガレやなんかはね、小言は言ってるものの、自分のことを考えればね、たいへんな違いですよ。

大宅　しかしまあ、よく一人の奥さんを、今まで守ってきたですね。

志ん生　どうも、かかあはしようがねえ。離れないのだから……（笑）。因縁だよ。

大宅　なかなか奥さんはしっかりしておられるようだね。

志ん生　いやア……。つまり、わっしなんぞは、女房がいたから東京に辛抱してこうしておられた。いなかったら、どっかに飛んでっちゃった。

大宅　やっぱり、奥さんに頭が上がらんでしょう。

志ん生　えっへ……（苦笑）。

〝くるわ話〟に文部大臣賞

大宅　これまでに洋服着て、クツはいたことありますか。

志ん生　ないんです。わたしゃ、もうねえ、満州へ行っても、どこへ行っても、洋服てえものは着たことない。戦争中、しようがないからモンペだけはいてたけれど……。モンペはいて、ずきんをかぶってると、満州で向こうのヤツが、わたしのことを奥さん、奥さんて言やがる。弱ったね、それには……（笑）。

大宅　ばくちはどうですか、強い方ですか。

志ん生　好きで弱い。だからダメですね。わたしは、勝負ごとはとても弱いんですよ。

大宅　しかし、こんど芸術祭で賞をもらったでしょう。「お直し」なんて、ああいうもので文部大臣賞が出るなんて、ずいぶんご時世も変ったものですね。

志ん生　そうです。だからおかしいもんですね。そういうものを取ろうと思って、いいものを選んでやってますがね。わたしゃもうねえ、芸術祭参加のときに、わたしゃ断わった。わたしなんぞ、ああいうものはダメなんだ。なんでも出てくれてんで、出たでしょう。どうせ、なんだから、女郎買いの話でもしてやれてんで……（笑）。そうしたら……。

大宅　やっぱり、女郎買いに長いあいだ年期を入れたのがむくいられたのだね。

志ん生　そりゃねえ。遊びのことなら、こっちは博士だ。真に迫ること知ってますからね。やっぱし、実地を踏んだもんでなきゃダメです。

大宅　落語の中に出てくるケコロという女郎ですか、ああいう制度はいつごろからあったんですか。

志ん生　あれは明治になっても、まだありましたがねえ。吉原に、羅生門河岸といってね、横町の路地みたいな所に入って行くんです。そうすると、ごく安いところでね、一泊三十銭くらいでしたね。

大宅　一軒の家に何人もいるんですか。

志ん生　五人や六人いましたよ。そりゃあもう、ケコロといったってまず、なんの方ですね。昔の、わたしがものをしゃべってる話の時分のケコロは、もっとひどいんですよ。

大宅　ヨタカ（今のストリート・ガール）なんていうのと違いますか。

志ん生　まあヨタカみたいなもんですね。土間があって、畳が二畳敷いてあって、なんにもないところで、女といろんな話してるでしょう。そこで早いとこ用いるのですからね。そこは高座でしゃべれないからね。

大宅　玉の井みたいなものだね。

志ん生　亭主ヤロウがくっついておるんだからね。「お直しだよ」といって声かけるのは亭主だもの。亭主はもう、自分の女房にそういうことをさせるのはしようがないのだ。それがあの話の人情味が出てくるんですよ。

食事中でも猛練習

大宅　ちょっとスリルがあって、おもしろいかもしれんね。本部屋に入っておるよりも……。亭主というのは、どこにいるのですか。

志ん生　表の暗いところに……だから、江戸時代のそれと、今のヤミの女と同じですよ。今のヤミの女だって、みんなあとから男がついてるんだから……。

大宅　それで〝つつもたせ〟みたいにおどかすようなことはないですか。

志ん生　それはないですね、商売ですから。もう何事もあれしちゃってね。昔はそんなのいくらもあったんですよ。引っ張りというのがいてね。本所の方へ行くと、ひどいよ、どこでもかまわない、暗いところなら。

大宅　そのかわり、病気は相当ひどいものだったでしょう。

志ん生　そりゃそうですよ。

大宅　今と違って、薬がないからね。

志ん生　第一、検査はないしね。その時分にはねえ、両よこねふみ出してね、伊勢参りに行ってこなければ、人間一人前じゃなかった。

大宅　東京の客目当てにやりつけてると、地方じゃあちょっと、客の方がピンとこないでしょう。

志ん生　ええもう……。昔は、はなし家が来たってえんで、鉄砲持って出てきたやつがいたくらいで、カモシカと間違えてねえ（笑）。今はラジオなんかあるから、みんなわかるけど……。

大宅　落語の修業というものも、大変でしょうね。

志ん生　わたしゃ、あることで発心して、三年みっちりけいこしました。ご飯食べてるときだって、はばかりへ行ってしゃがんでたって、けいこしてなくちゃあね。

話せる吉田白タビ氏

大宅　タネみたいなものはあるの。

志ん生　その先は自分で工夫するわけですが、その工夫するやつがマヌケだと、お客が喜ばないんですよ。

大宅　同じものをしゃべっても、人によってずいぶん違うわけだね。

志ん生　それは違います。客の心理をつかんで、ぱっとそいつにぶつかるから、わっとくるんですよ。

大宅　大体、しゃべるタネというのは、幾つぐらい持てばいいんですか。

志ん生　ほんとの落語は四千ぐらいあるね。わたしなんぞは、一年毎日別なやつをやれるね。
大宅　大したもんだね。ワイ談に類するものは何という題ですか。
志ん生　それは俗にバレといいましてね。高座じゃできない。
大宅　師匠は、ずいぶんいろんなところへ呼ばれるでしょう。
志ん生　ええ。吉田さんなんかいいね。わたしが行くと、赤ガイの酢のものに刺身のちょっといいので一杯出してくれるからね。大蔵大臣の池田さんは、一席やるとね、いつも酒二升自動車の中へ運ばしてくれる。
大宅　家が酒屋だからね。
志ん生　大臣でも、ああいうイキなのでなきゃいけねえ。結城なんか着て、いいですよ。七草に学習院へ行くと、皇太子さんから一升届いてくるが、その酒はうまいね。
大宅　皇太子の前で「お直し」やったんですか。
志ん生　皇太子は来ないけれど届けてくるんですよ。その時は先生ばかり寄るんです。
大宅　かくてついに芸術祭で文部大臣賞をもらったということですか。その辺でオチにしましょう。

増補

志ん生柳句

引揚げに南山を見るなつかしさ

羊かんを持って上戸は首をふり

羊かんは大事の客の時に出し

こわくない包丁を持つとうふ売り

柄のとれた包丁を持つ世話女房

そのあした見たくないのは下女の顔

そのあした昨日に変る口をきき
涙ぐむ顔でダンナの足をとめ
親テング子どものハナを引きのばし
ハナうたは忘れたとこがしまいなり
山わけはあぐら同士の仲にあり
半分をやらないために事がばれ
ご婦人の那須の与一が運定め
二人ともスネにキズ持つことができ
口説かれてたたみをふいて舌を出す

耳かきは月に二三度使われる

同業に悪くいわれて金ができ

大根は女の足に例えられ

口づけは七分できたとおなじこと

くちびるを寄せると女目をつぶり

鼻唄で寝酒も淋し酔心地

甘鯛の味思いだす侘住居

表札のない質屋に時間すぎ

声色やコーモリ傘の日より下駄

おばさんは貰った時だけいうお世辞
気前よく金を遣った夢をみる
抱きついてキッスを見るに金を出し
握った手明るくなってすぐ離し
パナマをば買ったつもりで飲んでいる
女房と喧嘩の因はパナマなり
干物ではさんまは鰺にかなわない
はらわたを捨ててさんまに見限られ
亀さんはちょうど今夜が百年目
（十返舎亀造）

与太郎は鯛から先に箸をつけ
言訳をしているうちにそばがのび
丸髷で帰る女房に除夜の鐘
空ッ風羽根つく子から憎まれる
空ッ風おでんの店へ吹き寄せる
堅炭を炬燵に入れて風邪をひき
薄情な奴でも煙る炭に泣き
火をおこしながら寝ている人おこし
雨だれに首を縮める裏長屋

江戸桜貼るは明治の女なり

宝くじ当るは政府ばかりなり

三勝は去年の秋に死にたがり

焼たての秋刀魚に客が来たつらさ

煮てみれば秋刀魚の姿哀れなり

死神と相談をする風の神

はばかりで電話の鈴《りん》が気にかかり

酒呑みを友達にもつ大根おろし

スのあるが大根仲間の不良なり

ビフテキで酒を飲むのは忙しい
恵比寿様鯛をとられて夜逃げをし
サンマをばアンマが食うをおかしがり
洋服をきればズボンにコブができ
ふんどしでズボンをはくと瘤ができ
三助が着物を着ると風邪をひき
蚤の子は親の仇と爪を見る
中串の焼ける間のあぶら蟬
松茸を売る手にとまる赤トンボ

噺下手笑い上戸に助けられ

豆腐屋の持つ庖丁はこわくない

おでん屋の鍋をのぞいて指をさし

坊さんが来ると家中固くなり

鼻歌の好きな親分怖くない

鼻歌のあとはいびきが引き受ける

前掛けの下に気兼ねのはかり炭

志ん生語録

努力とか工夫てえものは、別に落語の世界に限ったことじゃアない。どこの会社だって、どんな商売だって同じだろうと、わたしゃァ思いますねえ。

＊

芸人が若い時分から慌てて売り出すなンぞは、あまりいいことじゃァない。はじめは威勢がいいが、くたびれるのも早いです。

＊

いまの若い連中は、毎日毎日その日を送ってりゃいいンでしょ。芸がうまくなろうという了見をもたない。

＊

噺家の名前てえものは、売れてくれば自然に世間がそう見てくれるもので、大きな看板をついだって、本人が怠けてばかりいたんではなんにもなりゃァしません。

＊

芸と商売たァ別ですからね。芸なんてもなァ一年に二度か三度ぐらいなもんで、毎晩やった日にゃァ、こっちの身体がまいっちまいますからな。

＊

あたしは、人間はズボラだが落語《はなし》てえものが好きだから、はいって三年ぐらいは、自分でそういっちゃァなんだが、随分、稽古には精出しました。

＊

落語家なんてえものは、考えてみますとヤクザな商売で、いいご家庭の出身で頭がよくっておとなしくって親孝行で、遊ぶことは将棋も碁も知らない、女の子の手なんぞ握ったこともない、中学校から高校を優秀ですませて、そうして東大を一番で出た……なんてえ二宮金次郎の子孫みてェなひとは、あんまりこの道へはいって参りません。

＊

子供の教育てえものは、本当にむずかしい。文部大臣だの、学校の先生なんてえ商売は大変ですよ。あたしにはとてもつとまらない。つとまるわけがないですよ。

＊

いまの落語家の若い人たちは放送やなんか多いもんだから、なかなか東京を留守にしたがらない。無理もありませんが、あたしの若い頃なんてえものは、東京にいたんじゃァ食えないから、誰だって旅に出たものであります。

＊

貧乏なんてするものじゃありません。貧乏は味わうものですな……。

＊

いつまでも同じ名前でいるってえと、借金取りが追っかけて来やがってしようがねえという、実にどうも、やむにやまれぬ事情なんぞが多くって、あまり自慢にゃァなりません。

＊

うめいとか、うまくねえとか他人《しと》のやってるのをきいて、そういうことを言うについちゃァ、別にモノサシがあるわけじゃァありませんが、まァ、他人《しと》の噺ィきいてみて「こいつァ、俺よりまずいな」と思ったら、まず自分と同じくらいの芸ですよ。

人間にゃ誰にだって多少のうぬぼれがありますからね。

「俺と同じくれえかな」と思うときは、向こうのほうがちょいと上で、「こいつァ、俺より確かにうめえや」と感心した日にゃァ、そりゃァもう格段の開きがあるもんですよ。

＊

戦争前の男の人なら、誰にだって女郎買いの噺てえものは興味があったんです。

＊

なんとかして客を笑わせようと思ったって笑わない。ツマラねえ顔してやってりゃァ面白くなるんですよ。

＊

どの商売だって同じことだろうと思いますが、如才なく立ち回って、上の者に可愛がられりゃァ、トントンと出世する道もひらけるでしょうが、あたしはそんな気持ちてえものはコレッポチもない。人に憎まれようがどうしようが、自分のやりたいことを思う存分やるんだてえ気持ちですから、考えてみますてえと、随分と無駄な回り道をしたわけです。

＊

あたしは、名前がどうのこうの、方向がどうのこうのてえことはあんまり気にしないことにしてますよ。昔の偉い人と同じ名前の人が強盗をやったり、いい方角へ出かけた人が、車にはねられて死んだなんてえ話だってよくあるでしょう。人間ひとりひとりの運勢なんてえものは、神様や仏さんだって決してわかるもンじゃァないですよ。

＊

寝てたら、死んだ夢みました。わかったんだ。あッ、こりゃ冥土だな。悲しくも口惜しくもなんともない。なんにも欲しいものがないから……。

＊

人間は長生きしようと思うとかえって長生きできないかもしれませんね。

＊

あたしゃね、貧乏も苦労もしなきゃ、いい芸はできないと思ってる。——辛抱がないからちょっと苦しいとほかの道へ行きたがる。これという道をえらんだら、それにくいついて惚れなきゃ。本気で辛抱してりゃ、自分の目には見えなくても、畳の目のように物事はすすんでるんですよ。

噺家のせがれは、やっぱり噺家が身分相応だと、あたしゃァ思ってますよ。

＊

（志ん朝について）……あいつは、年の割りには度胸がいいし、親のあたしがこんなことを言っちゃァなんですが、割りに筋がいい。自然のうちに、スーッと行っちまったんです。

＊

（満州から帰って）……「只今、帰って参りました」てえことを高座から挨拶したら、お客さんが手ェ叩いてくれた。あァ生きていてよかったと思いましたねえ。

＊

あたしが生きたい一心てえのは、酒を呑みたい一心てえやつです。

＊

向こう（満州）には、まだ酒があるってえから、冥土の土産にたらふく呑むよ。酒があるところで死ぬんなら、あたしゃァ本望だよ。

＊

(「疝気の虫」について)……しぐさも派手だし、落《さ》げもトッピですから、こういう落語なんぞ、いちばんテレビに向くんじゃないかと思うんですが、まだどこも演《や》らしてくれない。別にこっちがエロなことをいうわけじゃァないんですが、お客さんの方が勝手に変なことを考えちゃう、てえところがいけないんだそうでありますが、近頃のドラマの中には、若い男女が抱きあったり、キスなんぞしてるのがある。こういうのと比べて、あたしゃ別にどうってこたァないと思うんですがねえ……。

＊

医者がウォッカ六本もあけるなんぞはきいたことがない。よく助かったもンだ。不思議なことだなんてんで、驚いたりあきれたりしてましたが、あたしが思うには、若い時分から電気ブランだの焼酎だので、酒びたしにして鍛えて来た胃袋のお陰でしょうねえ。

＊

(人形町末広の廃業について)……あそこじゃいろんなことがあったねえ。そのうちまた何かやろうと考えているんですがね。ズーッとこう、昔からのことをたどったりして……。

＊

うちの息子は、あたしの子供のときより、ズーッと親孝行してくれましたよ。

志ん生芸談

聞き書き・須田栄

遊びのお客は遊ばせる――怪談みたいな顔で芸談なんて

志ん生がまだ甚語楼といった時代だから、今から十五六年も前の事だったと思う、ある非公開の席で彼の「五人廻し」を聴いた。実に絶品で、世の中にこんな巧い噺し家があるだろうか、と敬服したのは素人の私ばかりでなく、並み居る大真打連も舌を巻いて耳を傾けたものだった。

あれから何年、寄席で彼の「五人廻し」を聴く機会は何回かあったが、ついぞあの時ほどの出来を一度も耳にする事ができなかった。

同じ人間が、同じ噺をして、どうして、こうも違うのかしら……とある時彼にただすと、

「冗談いっちゃいけませんや、『芸』なんてものは一年に一度か二度しかやるもんじゃなくて『芸』と『商売』とはおのずから別ッこのもんです、あの時やった『五人廻し』

は『芸』で、ふだん高座でやっている『五人廻し』は『商売』です、毎晩々々高座で『芸』をやっていたら、こっちの体が持ちませんよ」

と答えた。なるほど、とはじめて合点がいったような気がした。

「寄席へ来る客は、今でこそ通りがかりに、なんだ、こんな所に寄席がありゃがる、どんな事をするのかいっぺん入って見てやろうてんで、自転車を木戸へ預けて入る客も多くなったが、昔の寄席なんてものは、晩飯をすませてから、どうだい、退屈だから寄席へでも行って笑って来ようじゃねえか、てんで来る客が多かったもんで、こうした客は噺を聴きに来るんじゃなくて遊びに来るんです。

それを噺し家が履き違えて、よし今夜はみっちり噺を聴かせてやろうなんて、じっくり『芸』をやったひにゃ、客だってくたびれてしまう。

遊びに来た客には気持よく遊ばせて帰す、それがわれわれの『商売』の腕です、それをいいまのふりして『遊び』に来た客と取っ組んで『芸』を聴かせようなんて、ほんとのくたびれ儲け、改札口を通っちまった地下鉄の切符じゃないが、こんなコケな斟酌は、あっても無くてもいいもんです」

ズボラで、呑ンべで、ずッこけで、きのうやった「火焔太鼓」と、きょうやった「火焔太鼓」と、クスグリも皮肉も、時には筋の運びかたまでがまるで違っている志ん生、十五分間の放送時間に、マクラを十三分もふってしまい、あわててあと二分で本文からサゲまで持ち込んで、少しの不自然さも感じさせない器用人志ん生、その志ん生へ「芸談」を申し入れると――

「あたしゃイヤだよ、高慢な顔をして芸談なんて、だいいちおかしいよ、怪談みたいな顔をして芸談なんてさ……」

と、駒込動坂町の志ん生宅、「特級」とレッテルはった一升ビンを長火ばちの前に引き寄せて、朝から湯呑茶碗で冷やをグビグビやっている。唐桟《とうざん》の素袷《すあわせ》に黒エリのかかった同じ唐桟の半纏、太目の四分の一の煙管《きせる》に刻みを詰めてフーと大きく煙りを吐く、しなびた幡随院長兵衛という見立ては間違っていても、長の高座生活からあぐらがかけず、キチンと四角に座っているのが、この場合ふさわしくない。

「どうもあたしゃ、若いころから茶碗酒が好きでネ、小ッちゃいのでチビチビやってるのなんかじれッたくていけない、だいたい酒なんてものは、のみたい時にのんで、のみたくない時は義理だのつきあいだのでのむべきもンじゃない、だからあたしなんか、ののみたいとなると夜中でもひとりで台所へ起きてッて茶碗でグイとひっかけてまた寝るが、その代りのみたくたい時はどんなに進められたってのまない。もっとも、のみたくないなんて事は何年にも一度もないがね……噺だっておんなじこッてすよ。

いくら自分の見世が玉子焼が自慢だって、コハダの好きな客に食わせたら客は喜ばないし、くさやのきらいな客に、くさやで茶漬を召し上れッて出したら、こんな臭せえものが食えるかッてぶん殴られてしまう。

そこですよ、噺のむずかしいのは……これは自分が何度も手がけてる噺だからッて、必ずしもいいもんじゃないし、間違えずに落さず全部やれたからッて、結構とばかりはいえない。落さずやれて結構なのは曲芸ばかりだ……ねえ、そうでしょ」

夜も寝ないで話の工夫——楽しみは好物のクサヤで一ぱい

「あたしの若い時、廓ばなしのうまかった、あのめくらの小せんが『どうだい、夜よく眠れるかい』というから『へエ、おかげさまでとてもよく眠れます』ッていったら『そうかい、じゃあまだ当分噺はうまくなれねエな』と独り言のようにいいました。へんなことをいう人だ、とその時思ったが、このごろになって、やっと小せんさんのいった意味がよくわかりました。

総じて噺し家なんてものは、いつもボーッとしていて、芸の工夫や勉強なんかちっともやっていないように見えますが、どうして、なかなかそんなもんじゃありません。なんとか人のやらない、抉《えぐ》るような事を言いたいと思う工夫は、夜枕についてからで、そんな事を考え出したらまんじりともできるこッちゃありません。夜明けまで考え通して、そのうちにみんな家の者が起き出して来るから、それからはじめて眠る、だから噺し家は朝寝坊が多いんで（傍の細君を顧みて）いえ別に自分の朝寝坊の言訳してるわけじゃありませんがネ……。

先々代の馬楽、つまりあの彌太ッペ馬楽といった人ですが、あの人は噺のネタを仕込むために本ばかり読んでいました。下谷稲荷町に六畳一間を借りて、仲間と三人で雑居してる時、夏のこって、蚊帳《かや》がなくて、蚊に攻められてたまらない。三人でやっと金を苦面して、馬楽が蚊帳を買いに行きましたがなかなか帰って来ません。そのうち帰って来たのを見ると、蚊帳を買うゼニで本を買って来ちまったんで、さあ二人が怒った。おめえに本を読ませようと思って割前を出したんじゃねえ、蚊に食われて眠れねえじゃねえかっていったら馬楽が、めんぼくない、だがおめえたち二人を蚊に食わせさえしなかったら文句ないんだろと、それから毎晩夜ッぴて本を読みながら二人を煽いで、自分は昼間寝たというんだから、噺し家だってどうにか一人前になろうってえのには、ボーッとばかりしている訳じゃありません」

　語りながらも志ん生は、湯呑茶碗へ冷やを注いではグビグビやっている。膝の傍の一升壜はだいぶもう軽くなっている。のむばかりでつまみものに殆んど手をつけず、たまに思い出したように膳の上の煮豆へ箸を出す程度だ。酒さえあれば何んにも要らない。ほんとうの酒のみというのかもしれないが、彼にいわせるとそうでない。

「あたしゃクサヤが大好きでネ、どんなに美味いものがどっさりあっても……このおかみさんあんまり亭主に美味いものを食わせてくれませんがネ、（独言《ひとりごと》のように）もっとも金も渡さねえで美味いものを食わせろてえのは無理だけど……とにかくクサヤが膳へ乗ってないと酒がのめなかったもんで……。

　夜おそく席から帰って来てかみさんが、あいにくきょうはクサヤがないけど、これで我慢してのんどいておくれなんて、豆の煮たのなんか出すと、ふざけるな、鳩が煮豆屋へ婿に行きゃあしめえし、豆で酒がのめるか、クサヤを買って来いなんて、十一時十二時に魚屋をたたき起して無理に買って来させたもんですが、今じゃ是非食ってくれッて頼まれても、悲しいかな歯が悪くなっちまって食えねえで、豆のやわらかく煮たやつの方がよくなっちまったんだから、意気地のねえ話でさあ。

それとおなじこッてすよ、噺し家なんてもなあ。若い時は、それはそれは高座へ上ってお喋りがしたくてネ、振り出し（一番はじめに出る席）あたりはまだ日がカンカン当っていて、客のあたま数も四五人しかいず、楽屋へも芸人が来ていないからどうにか高座へ上れるが、もう二軒目となると客も揃い、楽屋へも芸人が詰めているので前座や二ツ目は高座へ上れない。

どうかして高座へ穴があいた時なんか、やれ有難やとこッちが上ってエー一席伺います……と一言か二言しゃべったと思うと楽屋の戸がガラッ、芸人が楽屋入りしたんです、するとこッちは途中でもなんでも高座を降りなければならない。それが、ちょッとでも遅れると楽屋へ下りてから、何をグズグズしてるんだ、おめえたちの噺を誰が聞いてる客があるもんか、トンチキ……とさんざカスを食わされるんですが、それでもお喋りがしたい、それがどうです。だんだん甲羅を経て来ると人間が無精になっちまって、雨でもショボショボ降ると、ああ、こんな晩は家で一パイやっていてえなあと思っても、ヌク（欠演）と席亭からはいやな顔をされるし、客にはめんぼくないし、仕方なしに出かけてゆく始末で、喋りたい時には喋れないで、喋りたくなくなった時には喋らなくてはならない、なんのこたあない、『クサヤに煮豆』とおんなじこってすよ」

下足番にコツを教わる——「芸と道楽とは別ッこだ」の信念

「端唄一つうたうにしても、段物をみっちり勉強した人がうたう端唄と、いくら声がよくたっていきなり端唄だけを勉強した人とでは芸の上に格段の違いがあります、落語だッておんなじことで、仮りに小ばなし一つしゃべるんでも落語の院本物《いんぽんもの》ともいうんでしょうか、人情ばなしの修業をちゃんとした人には敵うもんじゃありません、オレは新作もので売ってるんだから本筋の旧いものなんか用はないと、もし顧みない人があるとするとそれは大した量見違いで、付け焼刃の三日づけの芸には底光りがないからすぐ飽きられてしまいます、などと、てめえのあたまのハエも追えないくせに高慢なことを言って相済みませんが……あたしも、今でこそダラシがないが、若い時はこうめえても芸だけは熱心で——(傍でおかみさんが『どうですかネ、道楽ばかりしてさんざあたしに苦労をかけたくせに』とつぶやくのを耳にして)——なに言ってんだ、芸と道楽とは別ッこだあな……。

三道楽の果が東京に居られなくなりましてネ、甲府の稲積亭ッて寄席に出ている時、東京の高座でやる自信はないが田舎だからかまうもんかと、けい古のつもりで『甚五郎水呑みの龍』の一席をしゃべって楽屋へ降りると、さよう、あのころでもう八十位でしたかナ、下足のじいさんがやって来て、

『お前さんの水呑みの龍には魂が入っていない、あすこんとこはこうやらなくては……』とじいさんが十分ばかりやって聞かしてくれたその噺の巧さ、あたしは感に打たれて、自分の噺の拙《つたな》さに思わずワキの下から汗を流してしまいました。

あとでわかった話ですが、このじいさんはこの間死んだ小勝の、その前の小勝の弟子で小常といった噺し家だったが、今ならば失恋ッてやつでアドルムとか何んとかいうものを飲む処なんでしょうが、無常を感じ世を捨てて、出家にでもなったというのなら人情噺ですが、高座を捨てて寄席の下足番になったなぞは噺し家らしいじゃありませんか。このじいさんは甲府から三里も奥の下曾根というところから通いで来ていましたが、あたしはそれから毎朝八時起きをして、わらじ履きでじいさんの家まで『水呑みの龍』を教わりに通ったものです」

――どうせ毎日寄席へ通勤する小常じいさんの家へ、わざわざ三里の道を通わずとも、とふと考えたが、この時の両人の間柄はもう落語家と下足番ではなく、教える者と教わる者の師弟の関係であったらしい――

「前回にもお話の出た、あの廓ばなしの巧かったためくらの小せんさん、東京から大阪へ行って死んだ円馬さん、それに志ん生…ッたってあたしじゃありませんよ、あたしの師匠の志ん生です。この三人がバリバリという人気のあったころ、この間死んだ正蔵、今の文楽、それにあたしの三人が競争でけいこをしてもらいに行ったもんです、他の師匠を引合いに出すのは悪いからよしますが、師匠の志ん生は蔵前に住んでいて、あたしは本所のなめくじ長屋に住んでいました。

どうかして噺を教えてもらいたい一心で、毎朝、蔵前までトコトコ歩いて行くとおかみさんが、

『おや早いネ、師匠はまだ寝ているよ、ちょうどいいところへ来た、手おけへ水を一パイくんで来ておくれ、ついでに玄関掃除も頼むよ、オヤ、師匠が起きたわ、ゆうべ師匠たいへん寝汗をかいたんで布団を干すから物干へ運んでおくれ、あら、ネコのお茶わんにご飯がないわ、かつぶしをかいてやっておくれ』

何んだかんだ用を言いつかっているうちに、師匠が朝湯から帰って来る。

やれやれこれでいよいよけい古がしてもらえると思っていると、おかみさんに、

『オイ、着物を出してくれ、客に昼飯を呼ばれているんですぐ出かける』

『師匠、けい古を一つ……』

『きょうはダメだ、またあすにでも出直して来な』

『ヘエ』

鶴の一声です、それでもけい古をして貰いたいからあくる朝また出かけて行くとおかみさんが、

『おや早いネ、ちょうどいいところへ来た、手おけへ水を一パイくんで来ておくれ……』

これではまるで井戸替屋の弟子になったみたいで、これが十日も十五日も続いて、し

まいには師匠の噺よりおかみさんの『オヤ早いネ、水を一パイ……』のきまり文句の方を先に覚えちまいました」

身にしみた円喬の意見――自分で苦労する外に途はない

「楽屋で真打連に茶をくんでいたころだから、あたしがまだやっと前座の毛の生えた位の時だったでしょう。両国立花家の楽屋で元老の一朝さんに茶を出していると、急にさあーッという水音です。

『オヤ、あいにくのお天気ですネ、雨になりました』

というと、耳の遠い一朝さんが、

『おかしいネ、おれが今来た時はめっぽういい天気だったが……』

『でもあんなに雨の音が……師匠には聞こえませんか』

と楽屋口の戸を開けて見ると、雨どころか星が降るようです。キツネにつままれた気持で、ひょいと簀戸《すど》越しに高座を見ると、円喬さんが『鰍沢』を熱演しています。

――東海道岩淵を落す鰍沢の急流……客席は水を打ったよう。その静まり返った中で円喬さんがさあーッという急流の水音を聴かせたのが、楽屋のあたしの耳にそっくり雨の音に聞こえたのです。ああ、円喬てえ師匠は何んて巧い人なんだろうと、その時つくづく聞き惚れちまって、高座からおりるのを待って、

『師匠、あたしをぜひ弟子にして下さい、どんな辛抱でもしますから』

と頼むと、

『そいつぁ悪い量見だ、素人にできて商売人にできないのが『噺』なんだ、ちょッと器用な人なら素人でも筋だけおしゃべりするぐらいはすぐできるが、商売人となると一つ噺を覚えてどうやら人前でしゃべれるようになるのには先ず三年はかかる、素人ならいいが商売人は人真似はいけない、なんたって噺し家は自力だ、教えられた芸や、仲間に引立てられて上った地位は三文の値打ちもあるもんじゃない、おれの弟子になろうなんて考えはあきらめて、まあこれで今夜はゆっくりナカ（吉原）へでも行って、あたまを冷やして来な』

と二円と、たもとから二三本手をつけた敷島を出してくれましたが、二円はともかく、ナカへ行ってからいい若い者が、花魁のお先煙草ばかりプカプカやってるのは気が利かねえてんで、煙草まで持たせてくれるなんか、実に苦労人じゃぁありませんか」

その時の円喬の意見がしみじみ身にしみているのであろうか、志ん生が後進やひとり息子の馬生にも、けい古をしてやったという話をほとんど聞いた事がない。

「別に不精や意地悪や芸惜しみでけい古をしてやらない訳じゃぁない、当人のためだからしてやらないんです。これが仕立屋かなんかなら、褄《つま》はこう縫えば格好がいいとか、マチはこの位入れれば着いいとか、いろいろ教えてやるコツもあるでしょうが、噺なんてえものはそんなもんじゃぁありません、なんたって自分ひとりで苦労したものが一番なんですから……。

──そんなわけであたしゃ随分苦労しましたよ。いいえ、貧乏の苦労じゃありません。貧乏なんてものは慢性で、不治の病いだと思ってるから、こいつぁ未だに続いてるけど屁とも思いませんが……いいえ、屁と思わないどころか、こんにちどうやら志ん生とかなんとか言ってもらっていられるのは、みんな貧乏のおかげで、これがもしあたしが裕福なオン育ちだったら、いまごろどうなっていたかわかりません。

もっとも貧乏も程度問題で、武生から馬きんになった時、浅草の金車亭で名ひろめの独演会をやりましたが、みんな名ひろめとでもいえば、仕立おろしの羽二重の紋付かなんか着るのに、あたしゃそんなものがないから、松阪木綿の、まるで大掃除の手伝いみたいないでたちで高座へ上ろうとすると、席主が驚いちゃって、

『武生さん、お前さんは昔からなりには無頓着で、どてらで高座をしたてえ話も聞いてはいるが、きょうはほかの時と違ってお前さんの改名披露なんだよ、如何になんでもそのなりはひどいじゃないか』

というから、

『冗談いっちゃいけない、噺し家はハナシをするのが商売で、着物を見せるのが商売じゃあない、着物を見せるんだったら古着屋のせがれにかないっこない……』

とヘンな啖呵をきっちまいましてネ、

『その代り席亭さん、憚《はばか》ンながらトバ（高座着）がセコ（貧弱）なために客が一人でも立ったら、お前さんの前で四ツんばいになって、ケツへ蠟燭を立てて、瓢箪池のまわり

をぐるり回って見せます』

と口から出放題を並べて高座へ上りましたが、さすがに心配でしたね、忘れもしません、演ったのは『蟇《がま》の油』でしたが、おかげで客は一人も立たなかったので、まあケツへ蠟燭は立てないで済みました、なりの悪いのを芸の方で埋め合わせようとする努力は、あたしにとっては薬になりましたが、同時にずいぶん損もしました。

それもこれも昔話で、時代が違うからそれでも済みましたが、今はそうはいきません。芸人の身だしなみで、寝巻みたいな高座着では高座へも出られませんが、でもいくら身だしなみッたって、高座へ上る前にコンパクトで鼻のあたまを叩いてるのがありますが、あれはいけませんよ、どう間違ったって噺し家が長谷川一夫に間違われッこはないんですから……」

8月15日、あの放送の瞬間どこで何を？

昭和廿年八月十五日終戦の時は満州方面に慰問演芸中で丁度奉天の日本館に宿泊して居りました。

降伏したと分った時は非常な混乱でデマは飛ぶ悪事は横行する……私はもう駄目だとウオッカを五本全部呑んで死のうと考えて呑みました。

あくる朝目がさめた時ァ、ウオッカがもったいないと思ったがあとの祭で、兎に角にげようと大連まで行き、二年間帰国が出来ませんでした。想像以上にロウバイしました。

私の顔

あたしの顔かい？

女の人ならいろいろ話もあるだろうが……男だからね。

こういうしょうばいはね、あんまり若くっちゃいけないんだ。

それから、いい男すぎてもいけないよ。

まあ、早い話が、吉原であすんだ話をしてもだよ、ポマードかなんかつけた黒いピカピカした頭アしてたんじゃ、ホントにしねえや、聞いてるもんが……。

やっぱり、としイとってなきゃヨタがきかねえね。

わかいころにゃあね、あたまア早くうすくなるようにと、熱いタオルでむしたもんだよ。

ゴジャクヘエ（御若輩）といわれるんでね。

まあ、としイとってるばかりじゃあしようがねえが……。

高座での表情ったって、こうやろう——と思ってできるもんじゃねえ。話に身がいって、自然にさむれえみたい顔になったり、笑い顔になったり……。
作るってこたないよ、落語には……。

志ん生すもうばなし

あたしには酒の話ならいくらでもあるんですがね、けど、相撲にも何となく縁があるとみえまして、いろんなことがありました。相撲テのはしゃべらないところが値打でね、下らないお世辞を云わない嬉しくても悲しくても黙っているのがいいんですな、新橋の〃田川〃っていう料亭の女将が若ノ花が好きだもんで、そのなかだちであたしも若ノ花を知ったんですがね、若ノ花は相撲の中でも無口な方だし、あたしも喋べらない方でしてね、二人でさし向かいで飲んでても、黙っているだけでいつまでも飲んでますな。春頃根岸で、若ノ花とその弟弟子の若ノ海それに誰だったかもう一人、それにあたしはこっち側に女将と話しながら飲んでたが、もう帰ろうと玄関で下駄をつっかけた時、後に誰かいるような気がしたンで、ひよっとふりかえったンだね、するてエと若ノ花が立っている、あたしが忘れてった帽子を両手で持って立っているんですよ、「帽子忘れましたヨ」でもない、黙って持っているんですナ、口はきかないけど若ノ海たちもいるのに自分で持って来てくれたその黙っている親切な心、これであたしア若ノ花が好きになっちゃってね、むこうじゃどう思っているか知らんが……こないだ大関になったとき帝国ホテルに招ばれたので会ってただ黙って手を握ってきましたヨ。

あたしが若ノ花が好きなのは第一見ている人の目をよろこばせるもの、客を楽しませるネ、アッ気なく敗け、いい手で勝つ、変化がありますヨ。落語だって同じことで変化をつけることがむずかしい。技に味がなくては客は喜びませんよ、栃錦が桃色なら若ノ花は赤というふうに似かよっているけど違う、そして二人ともなかなかでない、いい相撲ですナ。

若ノ花は怪我しないでしょう、これは相撲が巧くて強情でない、無理してないからでしょう。いつまでも大関にしときたいね、だけどこれだけは勝っちゃえばどうしたって横綱になっちゃうし、どうしようもないですナ。若ノ花テエのはみかけは弱そうで田舎のアンちゃんみたいだけど、それが強いからおかしいネ、ひらめきのはやい頭のいいやっぱり栃錦とともに現代の相撲取りだネ。

戦争中、酒のない頃に、雪が三十センチもつもった日だったが、築地の料理屋に一席やりに行ったら、それが双葉山の部屋の者ばかりでしてね、その頃どこへ行ったって火鉢に炭が使ってある所なんかなかったのに、炭俵が五俵位つんであって酒のこもかぶりが置かれてチャンコなんかしている。みんなひいきからの寄付だというんですナ。正面に双葉山がでんと座っていてね、あたしは一席やって「ごめんなさいよ」って帰ろうとした時オン大が「師匠、酒、いくらでもやんなヨ」という、名寄岩（現・春日山親方）

がオン大の事を「弱い弱い」って云うんで、こっちも「相撲じゃかなわないが酒なら……」とか何とかいって飲みくらべをしたら、一合はたっぷり入る台つきのコップでキユッと飲んじゃう、こちらはグーッと飲むでしょう、それでも二升位はのんだけど、「まいりました」といったら、オン大はニヤリとしたね、そのとき取的がチャンコをつくっているそばへ、あたしが行ったら、こっちをジーッとみてたオン大が「随分ちっこい人だな」っていっているんだよ、当り前だあネ、また、大きい取的ばかりいたね、戦争中で雪が降ってたンでもんぺをはいてたんですがね、あたしは、酔っぱらってもんぺははけなくなっちゃうし、あしだで歩こうとしたら片方鼻緒を切っちゃうし、しようがないから両手にあしだをぶるさげて銀座の四丁目から電車にのったけど、中の客が驚いたね、あたしが、あんまり泥だらけなもんでね。どうして家へ帰ったかわからないけど、とにかく着物はすぐ洗い張りに出しましたナ。

名寄岩の断髪式の時、時津風がいたけど、こっちはきまりが悪くて言葉がかけられなかったね、双葉も変りましたよ、昔は愛嬌があってネ、あの人の笑い顔テエものは何とも云えない、もう丁度エビス様みたいでね、もっともあの時は客からいろんなものがきて、みんながあつまって、よほど嬉しかったんでしょうが、ニコニコしていましたねエ。

こんな風でしたから場所に行くと必ず知っている人に会いますね、行くと飲むでしょう、知っている客から酒がとどいてくるし、一升瓶をぶるさげて帰ればしみったれてるし、それも飲んじゃう、そして相撲は好きだから力が入って疲れてネ、おわると今度はあたしがどの席（寄席）に行くんだか忘れてしまって、いい気持になり、そのまま家へ帰って寝ちゃうもンでね、しようがないンですナ。以前は桝を買って行ってたのを、最近は、テレビで我慢することにしてるンですがね。

それでも仕事でよばれたりしていいのがある時てエのは不思議とかさなってなかなかみられないもんですナ。好取組なンテのはたくさんないものでネエ。今度もまた面白いでしょうナ、やっぱり何といったって、本場所は東京のもんですからねエ、楽しみですナ。

ある年越し

昔、私が若いひとり者の時分には、出鱈目《でたらめ》の一言につきるようなことが多かった。今でも大して変らないが、その時分暮から春にかけて呑む機会が非常に多く、春の初席をしらふで高座《こうざ》に上る者の方が少いくらいだった。

その中で、私（当時二十二、三の時）がやった酔虎《すいこ》伝《でん》に、高座へ上ってお辞儀をしたまま寝込んでしまったことがあり、

「ヤツも呑みすぎで参っちまったか」

と仲間をよろこばしたが（悲しませたではない）悪運強く、割に長生きしている。

その頃の話で、暮も大晦日《おおみそか》とくると、ニッチもサッチもゆかなく、度々無心に行って、敷居《しきい》の高くなった叔母の所へ金を借りにいったのは、夕方近く、襟垢のついたセコ（下等）着物で、ピューと吹く風の中だった。

「お前にもあきれたもんだね。いつまで、そんなみすぼらしいナリをして、金を借りに来るんだい、えッ。お前だって、世が世なら、お旗本《はたもと》の倅なんだよ」

「ヘエー、だから、春早々みっともねえナリも出来ないんだ。頼むから、なんとか……」

「いやだよ。お前に貸すことはどぶに捨てるようなものだ……」

と、まあ、こんなやりとりがあった末、

「じゃあ、いいかい。ここにある、この金はネ、お前のおっかさんの法事をしようとして貯めたお金なんだよ。お前が本当に一所懸命なら、これを貸してあげるよ。だから、屹度《きっと》、これだけは返すんですよ。親の墓を呑むようなことをしてはいけないよ。いいかえ」

というわけで、私に、その当時十円という大金を貸してくれた。天にも昇るような心地というのは、このことで、叔母がいった言葉をすぐ忘れ、裏へ出た。

赤い提灯に〝おでん〟と書いてあると、空《す》きっ腹がキューと鳴って、フラフラと入った。

「おい、熱燗《あつかん》で早いとこ頼む」

「へえーい、お待ち遠ッ」

と来たヤツが、猪口《ちょく》から口へ、口から腹の中へ、チリチリとしみながら入ってゆくと、もう、いけません。
七、八本のトクリがひっくり返って、モーローといい心地になった頃、
「スンマセン、旦那、今日は大晦日なんで、少し早いんですが、店を閉めてえんで

……」

と追い出された。酔った頰に空っ風がかえって気持がいい。足は自然に浅草の裏手、つまり吉原へ向って行く。

吉原へ入ると、わが家に帰ったような気がして（もっとも今の吉原を想像していただくと困りますが）、わけもなく嬉しくなって、また、大いに呑んだ。とろとろとすると、

「チョイと、除夜の鐘だよ。もう元日だからさ、いろいろといそがしいから、出なおしておくれよ」

と、体《てい》よく、ここも追い出された。表へ出ると、インインと除夜の鐘が響いて来る。フラフラと歩きながら、この鐘を聞いているうちに、ポロポロと涙が出て来た。

「親不孝者ッ！」

と、何度も腹の中でどなった。

やがて道路で元日を迎えた。家がないので、これも致し方がない。

家がない？　と不思議にお思いになるだろうが、仲間のところを居候《いそうろう》して歩いていたんだから、思えば、いい時代だった。それで結構やっていたんですからな。

「あーあ、急に雑煮《ぞうに》が食いたくなったな、思えば、随分、雑煮を食わねえ」

と思って、心当りを考えてみたが、どこもよろこんで雑煮を食べさせてくれそうもない。

「よし、餅屋か汁粉屋へいってみよう」

と探してゆくが、元日早々は店がしまっている。

「オヤオヤ、また今年も雑煮なしか、仕方がねえ、あきらめよう」

と気をとりなおして、ヒョイと見ると、ゆき来する人々は、綺麗《きれい》に着飾って歩いている。

「あッ、いけねえ、トバ（着物）をどうにかしなきゃア」

あわてて、質屋へ飛んでいったが、表の戸は堅く下りている。

「あーあ、ゆうべの内に出しときゃアよかったが、さあ、このナリじゃア、初席へ出られねえし、よわったなあ」

困ったが、背に腹はかえられず、そっと裏の方へ廻ってみると、台所で店の連中が、

「お目出度うございます」

と、新年の挨拶をして雑煮を祝っているところだ。

「お早うござい。えー、皆さん、お目出度う」

「あら、これは……お目出度うございます。何か御用ですか」

「元日早々済みませんが、紋附の着物を出したいんで」

「はア……チョッとお待ち下さい」

と、やがて旦那が出て来て、

「はア、お目出度うございます……えー、着物ですか、まあまあ、そのナリじゃア寄席《よせ》へも出られないでしょう、出してあげますよ」

やがて、なつかしいわが着物が、そこへ出て来た。

「どうも相済みません、お蔭で助かります」

「まあ、せいぜい春の内におかせぎなさい」

「有難うございます」

と、帰りかけると雑煮のにおいが鼻へ……フッと立ちどまって、

「ねエ、旦那、どうでしょう。あっしは久しく雑煮を食わねえんですが、ひとつ、ちそうになりてえんですが……」

と、思い切っていうと、驚いた顔をしていたが、

「おい、この人に雑煮を食わしてやんな」

質屋の奉公人と一緒に台所へかしこまって、フウフウ雑煮を食べた。うまかった。こんなにうまいとは知らなかった。夢中で食っていると、旦那が、

「お前さんとは長い附合いだが、もう来てくれなくてもいいよ。いや、大変な人だ……」

志ん生くるわ咄し

一体いくらあんのさ

あたしが遊びはじめたのは、数えの十四くらいですナ。その時分には銘酒屋というのがあって、「ちょいと寄ってらっしゃい、寄ってらっしゃい」と呼ぶ妓《おんな》があったもんです。それは浅草だとか、玉の井とかね、町の中に――八百屋の隣りにあったりなんぞするんですよ。その時分にゃ俗に白首《しらくび》というんだね。

障子がしまっててね、障子のところに障子なりに切りこんだようなガラスがはまっていて、女の眼と鼻がちょいと見えるくらいのところがあるんですよ。どんな縹緻《きりよう》の悪い女でも、眼と鼻しか見えないんだから、ほかはもっといいと思います。障子のところに倚《よ》っかかると、障子をほそめに開けて、「ちょいと寄ってらっしゃい」といって引張るんです。

あいつは大体、へぇろうかなと思って、てめえからへぇる奴はないですよ。結局引っ張られるんです。男にしてみれば、内心へぇりたいよ。大体そんな了簡でなきゃ、なんか云われたって、ズンズン行っちまいゃいいんだからね。もっともあたしの筆おろしてぇと、これは廓なんですよ。きっと誰かしらに引っ張って行かれるんだ。てめえが引っ張って行かれた覚えがあるもんだから、人の顔さえみりゃ引っ張って行きたくて仕様がない。

また女のほうも、この人は筆おろしだと思うてえと、いろいろおせぇますからね。関係することを床をつけると云いますね。寝るてぇと「おしもに行きましたか」ってきく。おしもてぇのは、はばかりだナ。はばかりへ行って、用を足してから、はじめるのが常道なんだからね。

それはどういうことかてぇと、小便がつかえてたら出来ないでしょう。川柳にも「蛤は溜小便を垂れて後」てぇのがあるくらいなもんだ。むかしのバレの川柳には、そんなのがいくらもありますよ。そうやって遊んでいるうちに、こんどは馴染の女の鼻の頭を見ねぇてぇと、なんだか物足りなくなっちまうんだ。女のほうもたまに来る客よりも、ちょいちょい来るんだからね、情がうつるんですね。あの人、もう来そうなもんだてぇんでね。こっちも顔が見てぇてんで、両方の心が通じるから、しまいにゃ男が格子のところで「今夜は登楼《あが》れないんだよ、懐具合がわるくて」てぇと、女が「一体いくらあんのさ」と云って、足りないところを女が出して呉れる。女の、その出して呉れる人情を買っちゃうんです。

だから無理な算段をして行くでしょう。また、無理な算段をして来るのが、女にだんだん分って来るんです。はなは、キチンとした服装《なり》で来たものが、今度《こんだ》下着がなくなって来たり、羽織がなくなって来る。そんな思いをしてあたしの所に来てくれるのかしらんと思うから、女のほうでも人情がうつる。それでわずかばかりの玉割《ぎょくわり》の中から「今夜はこれで登楼ってお呉れよ」てんで、銭を出すようにもなるんです。しかし、玉割てぇのは、いくらでもないですね、あれは。それが女の小遣ですね。玉割じゃ、おかずも買えないくらいなもんでね。そいで二進《にっち》も三進《さっち》も行かなくなると、自分の着物を男にもたせてやって、「これで今夜来ておくれよ」てんですナ。それで借りて遊べる。その借りるということがまた、どんな気まりのわるい思いをしても、自分でもなんとか算段して行こうということになるんですよ。

可愛がられたが身の破滅

以前、大引けすぎてぇと、午前二時ですよ。それまでは見世をずっと張ってるんです、花魁がね。二時てぇと、ツケを打って来るんです。チョーン、チョンチョン、チョーン、チョンチョン……そのツケを打って来ると、張見世の燈火《あかり》がパッと消えちゃう。そうするてぇと、お茶を引いた花魁が、お客はないんだけれども、見世は張っていられないから、見世から引っこんじゃう。すると妓夫太郎《ぎうたろう》という若い衆が、薄暗いところでジッとあたりを見廻してる。そこへサッと行って、登楼るんです。そうすると、値段がぐっと安いんですよ、なにしろ売れ残っちゃってる女なんだから。女だってほかに廻しがとれないから、客を大切にするという塩梅ですナ。

ずっと以前は、吉原の中に寄席がありましてナ。その寄席だけは、十時を打ってからはじまる。どうして十時からはじまるかてぇと、あそこをヒヤかしてる客が、早く登楼っちゃうと値段が高いってんでね、なるたけ大引けまでツナごうと思うんだが、そうそうは歩いていられない。それで時間ツブしに寄席に入るんです。われわれだって寄席が閉場《はね》てからけえろうなんて了簡はない。あそこで稼いだものは、あそこで使っちゃうてぇわけですナ。だから吉原《なか》の寄席に出たって、これは一文にもならない。

あそびといったって、ピンからキリまであるんですよ。そのころ吉原の「大文字」「いな本《もと》」「角《かど》海老」といった、そういう、つまり大籬《おおまがき》、大店《おおみせ》で遊ぶのにゃ、茶屋から行くんですから。茶屋から行って、また花魁のほうも小職《こしよく》てぇのを使ってね。小職《こしよく》てぇのは、小さい女の子ですわ。そうするてぇと、夏なんざ十畳ぐらいの座敷で、そこに出る夜具蒲団なんてのは、ほんとうにまたいで上るような蒲団ですよ、ほんとうに。蒲団から落ッこって怪我するようなもんだ。

そいで紗の蚊帳かなんかが吊ってあってね、そりゃァてぇしたもんです。けどそういうところに行く人は、行くだけのナニがなくちゃいけないんです。

しかし、ひどい所になると、夏なんざ、大引けに「いくらでもいいから登楼ってくれ」てんでね。「じゃ二十銭」「ええ、二十銭で結構」てんで登楼るでしょう。そうするとね、二畳ぐらいの座敷だ、これがね。そこに寝かされる。それで蚊帳もなんにもない。四六時中閉めきってある部屋だから、いわば箱みたいな中に入れられちまう。だから暑いの、なんの。窓を開けようたって、窓なんざ、ありゃァしねぇ。そこに蚊がいるんだからね。……蚊は多いや、何しろ吉原田圃てんですから。

女が「すぐ来るわ。ちょっと待っててね」といっちゃう、それきり来ない。

その上、この蒲団てぇものは、まるでなんだね、綿なんざところどころに入ってるてぇシロモノだから、身体が痛くて仕様がない。お手玉だよ、まるで。

そいでね、ノミがいると来てらァ、ふだんノミなんざとらねえもんだから。女は来ねぇし、蚊はいるし、暑いし、これなら戸外《おもて》を歩いてたほうがいいやてんで、外へ飛び出しちまう。そうするとすぐにまた、次の客が来らぁね。大体あそこてぇものは、登楼った以上は、女は一回は遊ばせなくちゃ駄目なんだから、玉代と云ってね。しかし当人が勝手にけぇる分にゃ仕様がないんです。だから勝手にけぇるような仕掛《しか》けになってるんだよ。いたたまれないようにね。

友禅の蒲団に紗の蚊帳を吊って、いい座敷に寝て……花魁だってそうだよ。スーッとへぇって来ると、プーンといい匂いがして、全く至れりつくせりですよ。成程こいつァ若い奴は、身がもてないと思うね。

よく「傾城《けいせい》にフラれて帰る果報者」てぇことが云われますが、はじめて遊びに連れられて行って、女にフラれて帰るてぇと、もう二度と再びこんなつまらねぇ所に来るもんかと思って、そいつはそれっきり来ないでしょう。うっかり花魁に可愛がられでもすると「ああ、また行きてぇな」てんでナ、なにをやっても仕事が身につかない。身悶えしながらついフラフラと、廓へ足が向いてしまう。「傾城に可愛がられたが身の破滅」たぁよく云ったもんです。

ウマから始末部屋まで

いまとちがって、以前は、当り前の店じゃ宵のうちに勘定をとりに来ねぇんです。だから明日の朝「お早うございます」てんでね、つけをもって来る。そこで、「実はないんだよ。持ってねぇんだ」てぇことになると、「お宅はどちらで?」「こうこうこういうところだ」てんでナ、そこの店の若い奴が後にくッついて来るんです。これを「馬」というんです。

どうしてかてぇとね、むかしは馬に乗って遊びに行ったもんでしてナ。だから馬道なんてぇところが残ってるんです。それであがって、勘定が足りねぇてぇことになると、どうせ乗せて来た馬子が迎えに来るから、その馬子に「お前さんの乗せて来たお客の勘定が足りないから貰って来ておくれよ」てんで、馬子が頼まれちまう。それで客の家へ着いて銭を頂く。それをまた吉原に届けに行くてぇと、「これはお前さんのお駄賃だよ」てんで、なにがしかのお鳥目を頂く。だから、その時分は家の前に馬がつながれていたりすると、「あの野郎、勘定が足りなかったんだナ」と、すぐに分ってしまったもンです。

しかし中にゃ馬子が、客から銭を貰うと、そのまま逃げちまうのがある。それじゃ仕様がねぇてんでナ、若い衆をつけて出すようになった、それをやっぱし馬というようになったんですね。

また、この人間の馬をまいちまう奴がある。「ちょっとここで待っててくんねぇ」てんで、見ず知らずの家の表から裏へすーッと通って、そのままズラかるのがいたもんです。片っ方はそれと知らないから、いつまでもいつまでも待ってたりする。だからしまいにゃ馬を出さなくなっちまったんです。そして遊んでから金がないと分るてぇと、あとはその人間のものをとるよりほかに仕様がない。

とるのにゃ始末部屋てぇのに下げられる。そこが俗に云う伜宿なんですよ。伜屋の若い衆が多勢いましてね、真ン中に囲炉裏があって、――そこへへぇって行って、「頼みます」と客を置きざりにして女郎屋の若い衆はけぇって行っちまう。囲炉裏の前に姐御てぇのがいる。弁慶のねんねこかなんか羽織っちゃって、頭髪《あたま》を櫛巻きにしましてね。それが「兄《あに》い、こっちに上んな」てなことを云う。ガラリと言葉の調子が変るんだね。「いい後は悪いもんだよ。さぁ着物を脱いで行きねぇ。銭が出来たら、また取りに来な」と、羽織、着物、帯と、ドンドン剝《は》がれっちまう。なんのこたァねぇ、座敷の追はぎみてぇなもんだ。おかげであたしゃ、寒い雪の日にシャツと股《もも》ひきだけで飛出したことがある。

いやそれがまた、遊びの醍醐味でね。そういう遊びをしようたって、なかなか普通じゃ出来やしねぇんだ。

これ持っておかえりよ

あたしがさかんに遊びに行ってる時分にゃ一晩五十銭でしたよ。五十銭もっちゃ一晩遊んで、朝けぇろうと思って、ガマ口を開けてみると、きっと五十銭へぇってやがるんだ。それは女が入れておいてくれるんだよ。その五十銭をもって、その晩また遊びに行って、翌る朝帰るときにガマ口を開けてみると、チャンと五十銭へぇってる。その五十銭でもって、何度も何度も遊びに行きましたね。それは女がこっちに惚れててナニするのかと思うとそうじゃない。

つまりほかの客やなんかで、面白くないことやなんかあるでしょう。あたしたちは、そういうところに行っちゃ笑わしたり、小噺をきかせたりするから、むこうにとっちゃ、あたしたちと遊ぶことが一つの慰安なんだよ。……面白いってんで、そうするんだね。遊んじゃって、朝銭《ぜに》がなかったりすると、「じゃお待ちよ」なんてね、朋輩を集めてあたしが噺をしてきかせる。そのかわり一人三銭ぐらいずつ金をとるてぇ寸法だ。大抵十八銭ぐらい集まりましたナ。その銭を出してナ、「これをお持ちよ」てんで帰《けえ》って来る。そうするとけぇりに湯にへぇって、一杯飲んでけぇれるんだから、実際面白かったもんですね。

一ぺんこんな事がありましたよ。なんでも震災の前後なんだね。飲んで遊びに行って朝友達五人ばかりで退屈しながら大門を出て――あそこに吾妻町《あづま》てぇところがある。土手下にね。そこに桝屋てぇ飲み屋があるんだ。そこは湯豆腐が売り物なんで、安いんですがね。帰りにみんなして湯に入《へえ》って、桝屋に来て飲んでるてぇと、あたし達の飲んでるむこう側にいた客が、ビールを半ダースばかり寄越したんです。「あなたがたは芸人さんだね」てぇわけですね。

それを飲んでワーワー云ってるうちに昨夜飲んだ下地があるからいい心地になってるところへ、ビールを贈ってくれた客が仲間に入りましてね、「昨夜《けえ》はどこで遊んだ」「ええ、小文字でげす」「よろしい。じゃこれからもう一度引ッ返そうじゃないか」てぇことになったね。こっちは、昨夜でスッカリ使っちゃって一文もない。「なァに銭の心配はいらねぇ。一切俺が引受けたから安心しねぇ」てんでね。みんな嬉しくなっちゃって早速引ッ返しましたナ。

そうするとそれぞれ馴染の女がズッと来るてぇわけだ。そのお客だけ、新規の花魁が出て、そいから景気よく一つ芸者をあげようじゃないかてんで、芸者を呼んで騒ぎ出した。するてぇとその客が時計を出してね、「これはプラチナなんだけれども、何処かで質に置いて来てくれ」てんですナ。「ようがす。あっしが一つ入れて来やしょう」てんでね。丁度あたしの仲間で小さな女郎屋を出してるのが廓《なか》にあったんでね、そこへすッ飛んで行って、「この辺に質屋はねえか」ってきいたね。

そいから教えられた質屋に行って、「これで百円貸してくんねぇナ」てぇとね、「十円しか貸せねぇ」とぬかしゃがる。「冗談じゃねぇよ。これはプラチナだぜ」「いやァ、ところがこいつはプラチナじゃねぇんで」――質屋の番頭の説明をきくと、成程プラチナじゃないから、仕方なくその時計をもって帰って来たね。

すると今やドンチャン騒ぎの真最中で、今更二進《にっち》も三進《さっち》もいかない。そこでその客にこうこうしかじかと話をしたら、「冗談いっちゃいけない」といったものの、もともとその客が、プラチナとだまされて買った品物だから後の祭りですね、こりゃァ。ところがほかに誰も銭なんかありゃしねぇ。そうなると薄情なもので、店のほうでも手の裏を返すように「出て行って下さい」てぇわけだ。やむなくすぐにそこから引上げた。その時計を抵当《かた》においてね。しかしこっちは腹の虫がおさまらない。質屋まで使いに行って帰って来ただけで、一杯の酒も飲まねぇうちに追い出されちまったんだから。尤《もっと》も客に悪気があったわけじゃなし、妙にシンミリして帰ったことがありましたが、むかしはそういう客もいたんですね。

さらばよ廓、さよォなら

それから、人殺しだのなんだの、とにかく悪いことをした奴てぇものは、当り前のところじゃ寝られない。だから、どうしても、あゝいう賑やかなところへ来るようになるんですナ。

ところが、あすこは、大門から一本道ですからね。悪いことをした奴は、あすこでみなつかまっちまうんだ。この人は、なんだか金づかいが荒いナ、てぇことになると、大門の派出所に届ける。そして人相なんか知らせると、すぐつかまる。他からは出られないんだからね。

われわれとしても、行ったからって必ず遊ぶとは限らない。下らないことを話しあっているうちに夜が明けちまうてぇことが、いくらもあったもんです。滅多に女と関係なんぞしないですナ。ただ逢いたい一心……。そして昔はね、客が格子につかまると、女が中から、喫いつけた煙草をサーッと男に渡しながら「ねえ、今夜おあがりよ」……あア、何ともいえないね。これが格子でセガまれるてぇヤツだ。そういう情緒てぇものはなかったですね、ちかごろは……。

まあ、廓をタネにした落語もずい分ありますが、まず有名なところでは、「五人まわし」「品川心中」「磯のあわび」「文《ふみ》違い」「居残り左平次」「とんちき」「明烏」「三助の遊び」「三枚起請《きしょう》」てぇところでしょうね。

中でも面白い噺が「三枚起請」でね。或る大工の棟梁の所へ町内の若い者が遊びに来たんですナ。棟梁が「お前さん、この頃ちっとも家にけぇらねぇてんで、おっ母さんが大変コボしてたよ」と云うてぇと、くだんの若い衆が、「へエ、実は吉原の女が、来年年期があけたらあっしと夫婦《いっしょ》になろうてんで、そんなことがあるもんですから」と頭を掻いている。「そんなことはいい加減なこった」というと、「いやいや、この通りお前さんと夫婦になりますてぇ起請がございます」棟梁それを受け取ってみると、どうも見たような字だってんで、やおら懐中《ふところ》から出した起請が、これと全く同じもの。二人がビックリしているところへ書生がへぇって来て、「どうも僕は、この頃勉強していても、女の顔がチラついて仕様がない」「オヤ、そりゃ困りましたナ」「いや、それでも来年三月年《ねん》があけたら、夫婦になるという起請を女から貰ってあるから」てんでね。それから書生のもってる起請を見るてぇと、これが三人同じ起請だったてぇ噺ですがね。……「傾城の恋はまことの恋ならで金持つ恋がほんとうの恋」とは、よく云ったもんですね。

これから女を買いに行く場所がなくなるてぇことも、やっぱし各国とつきあうようになって来て、……つまり見栄のためでしょうね。だから、自分の子供が好きなことをするんだから、見て見ないふりしてやろうてぇのが親の情で、まぁそう考えりゃ、眼に触れないところならいいてぇことでしょう。つまり博打と同じになって来たんじゃないかと、あたしゃ思うんですがね。それにしても、廓の灯がキレイに消えちまうてぇのは

――ああ、〝さらばよ廓、さようなら〟てぇのはまさにこれですナ。

酒と女と貧乏と

高座に上って、「毎度馬鹿々々しいお笑いで……」と、お喋りするのが私の商売だが、思えば私自身ずいぶんと馬鹿々々しいことをしてきたものです。

私は酒となると目のない方で、今は何とか暮してゆけるようになったから、なるべく上等な酒を飲んでいますが、金がなけりゃあ、どぶろくだって、芋《いも》の焼酎《しょうちゅう》だって飲みます。酒は体にいいものですよ。此の間、知ってる人が脳溢血《のういっけつ》で倒れましたが、焼酎をガブガブ飲んだら治っちまった。焼酎で血管を消毒したわけなんでしょうな。

酒といえば思い出すのは戦争中のことで、あの頃は酒のほかには何にも考えられなかった。酒があるといえば、どんな田舎にでも出かけたもんです。ところが、酒があるから来いと云っておきながら、行ってみると酒がなくて、小豆で我慢してくれなどということがある。こんな殺生《せっしょう》なことはありませんよ。

酒を飲み始めたのは、十三、四の年からです。その時分は浅草に住んでいましたが、銘酒屋、矢場、博打場などが、いくらでもあり、私も幼少の折から賭場に出入りしていた。別に博打がうまいというわけではないが、勝てばその金で飲むし、負ければ素っ裸になってしまう。

丁半をやる時には、両側に十人位が並んで真中にサイコロをふせる中盆が、いかさまをしてはならぬというので、猿股に白い腹巻という裸姿でいる。丁と出ると、半に賭けた金を両方からツーと集める。この手際が全く見事なもので、その頃、賭金は五十銭が主でしたが、その勘定が目にもとまらぬ早業で、いくら銀行員の札勘定が早いといっても、これには敵《かな》わない。

隣の部屋には、いつでも酒やうなぎ丼が用意してあるし、質屋も出張してきている。負けると、質屋から金を借り、それで張って儲かると、請け出す。質屋にとっては、こんなにいい商売はないので、目の前で金が動いて、殖えてゆくんですからね。

私の親父は警部だったから、いい顔をするわけがなく、世が世なら槍玉にあげなくてはならないが、御時世だから助けてやる、今度こんなことをしたらもう外に出さないぞ、と云われながら、相変らず遊んでいたものです。小学校も、尋常四年で学校の方から断わられてしまいました。なにしろ、先生の云うことは聞かず、生意気なことばかり云っていたんですからね。

女遊びを覚えたのも、十五くらいの時からで、今は無慚《むざん》な姿でも昔は私も紅顔の美少年で、吉原の花魁《おいらん》にもかなり可愛がられたものです。金がなくても、「明日の晩はあたしが何とかするから、きっと来ておくれ」なんて云われると、なんとか都合して翌《あく》る晩も出かける。そんなことで、あまり家には帰らなかった。

はなし家になったのは十八の年で、花札仲間の俥屋《くるま》から、はなし家にならないかと持ちかけられ、私も寄席には始終行っていたし、この人ならばというので、橘家円喬という師匠の許《もと》に飛びこんだのです。

弟子になってから半年ほどの間は給金をくれない。吉原に遊びにゆくこともできなくなりました。家を借りたくても、借りられる家などない。貸間があって、その間代が二円、敷金を二円入れなければならない。

そんな金は払えるわけはないけれども、私はこういう商売で、日銭が入るのだから、毎晩少しずつ間代を入れるからと云って、そこに居すわってしまった。ところが、毎晩銭が入らないこと夥《おびただ》しい。これでは、いくら厚かましくても、住んでいるわけにゆかない。

仕様がないから、寄席に行って、お客が敷く座蒲団を三枚くらい抱えて、これを敷いて片隅で寝ていました。こんな暮しは決して有難くはないけれども、どんな行いをしてもいいから、自分の芸だけは人の上に出たいと思っていました。

蛭も敬遠した赤鼻

円喬師匠が亡くなったあと、小円朝さんの弟子になりましたが、清朝という男とは円喬時代からの相弟子で、特に仲が良く、しばらく一緒に暮していたこともありました。

この清朝は、どういうわけか鼻の頭が赤いので、「赤鼻の清朝」という仇名があるくらいでした。あまり粋な名前じゃないから、本人もそれを気にしているので、私も気の毒になり、赤鼻を治す方法はないかと考えた。

ふと妙薬を思いついたので、私は薬屋に行って、生きた蛭《ひる》を買ってきました。「これを鼻の頭に付けてみろよ。悪い血を吸ってしまって、赤味が消えるぞ」と、清朝を寝かして置いて、蛭を箸《はし》で挟んで、鼻の上に載せてやりました。

ところが、どうしたことか、蛭は血を吸おうとしないで逃げようとする。逃げられてはたまらぬから、清朝は一生懸命押さえつけている。鼻の頭なんてものは、あまり落着きのいい場所ではないから、蛭も居心地は悪かろうが、血を吸うのが奴の商売なのだから、逃げるのは卑怯《ひきよう》ですよ。

蛭に血を吸わせようと、押さえつけるのに苦労しているうちに、二人とも疲れて眠ってしまった。翌朝になってみると、清朝の鼻の頭は相変らず赤い。蛭の姿が見えないので、南無三、逃げられたかと、辺りを見廻してみれば、枕許にカラカラに乾からびた蛭の残骸《ざんがい》が転がっていました。

私達が住んでいた家は、ひどく汚ない家でした。ある晩、ひどい嵐で、建てつけの悪い家だから、風で雨戸がはずれてしまう。代りばんこに押さえていても、到底一晩中押さえているわけにはゆかないから、メチャメチャに釘をうってしまう。これで安心と寝たところが、翌朝になって、どうしても戸が開かず、無理して開けようとすると、家が崩れてきそうで、全く困ったことがあります。こんな暮しをしているのでは、ろくな酒がのめるわけはない。なにか少しの酒ですぐ酔える方法はないかと、いろいろ工夫しましたが、その結果、ご飯に酒をかけて食べると一番酔いが早く廻るということを発見しました。

金がなくっても、結構なんとか暮してゆけたのは、やはりいい御時世でしたね。遊びにだってゆけたのだから。

廓《くるわ》の女のところへ通うといっても、女だってはなのうちはなんとも思っちゃいないのだが、通っているうちに人情が移ってくる。だんだん男の暮し向きが悪くなってくるということが目につくようになる。そうすると、この人はこんなにまで私のために入れ揚げてくれるのだな、と考えてくる。

しまいには、売るものも着るものもなくなって、借金までして来ることがよく分る。そうなると、女の方でも自分の金をいくらか出して、明日の晩はこれでというような間柄になってくる。つまり人情ですね。

だいたい花魁は、年季があけた上で、夫婦になろうという男にでなければ、心を許さない。それで一緒になって、世帯をやりくりするのが花魁だ。店に出ている時は、満足なものを食べないし、お茶をひこうものなら、主人からずいぶんと憂き目をみる。だから、どんな貧乏世帯に入っても、やってゆけます。みな田舎から出てきているのだしね。

そこへ行くと、芸者は親の財産がなくなって身を売ったとか、自分が男にだまされて身を売ったというのが多いから、贅沢《ぜいたく》を知っている。それに、客のところで、うまいものを食べたりしているから、世帯を持っても、うまく行かないことが多い。だから、又もとに戻って、だんだんと年をとってしまう。そんな違いがあったもんです。

無銭出産

私が結婚したのは三十八の時です。真打にはなったけれども、別にかかあなど持とうとも考えていなかったが、お前さんみたいに、一人でわけの分らない暮しをしていたんではしょうがないから、貰ったらよかろうと、仲人が女を連れてきた。

一体、どういう料簡で芸人を亭主に持つ気になったのか分らない。こっちは生涯貧乏で押し通すつもりで、決死隊みたいなものなのだから、こんな男の女房になろうとは随分物好きなひともあったものだ。

私は体裁を作るのはいやだから、前にぶちまけた。私は売れないはなし家で、一文なしで、酒が好きで、博打が好きで、女郎買いが好きだ。それでもいいのかと、そう云ってやったら、それでもいいという挨拶です。

嫁に来てから、女房が云うことには「ああ云われたけれども、まさかそれほどまでひどいとは思わなかった」と驚いたものです。女房を貰った翌る晩から女郎買いに行った。女房は下宿屋の娘だから、いろいろな物を持ってきたが、一月ばかりの間に、着物から、簞笥《たんす》から、琴から、全部売ってしまった。

仲人が女房のおやじに申訳ないと泣いてきましたよ。それで、逃げていくかと思ったら、別に逃げもしないで、そのうちに子供が出来るし、まあ仕様がなく、今日に至ったわけです。長男が、いまの馬生です。

馬生が生れる時は笹塚に住んでいました。それがまた、一文もないところへ、折悪しく生れることになった。その上、難産で、産婆も、こうなったら神様の助けを借りる他はないという心細い話で、塩釜様を一生懸命に拝んでいる。

何度お湯を沸かしたかわからない。ようやく生れることは生れたが、産婆さんに払うお金がない。すみませんけれども、お金が入ったら届けますから、待って下さいと云ったら、産婆はこんなことは始めてだと呆《あき》れている。今更なんといったって無い袖はふれないし、生れた子を元に返すといったって、そういう器用なことはできない。飛び出たものは仕様がないので、近所でタイ焼きを買ってきて、お茶を淹《い》れて出した。今日のところは、これで勘弁して下さいと、お引き取りをねがった。

笹塚の家も、とうとう居たたまれなくなって、逃げ出しました。近所に借りがあって、どう仕様もないから、朝の四時頃こそこそと逃げ出したのです。暁方は、割合油断しているから、夜逃げよりやりいいんです。引越して行ったのが、本所のナメクジ長屋です。

ここは、以前は池だったのを埋めて建てた二十軒ばかりの長屋です。泥で埋めたのならいいが、ごみを持ってきて埋めたものだから、洪水になると、すぐ水が上ってくる。家の壁の半分くらいのところに、水のひいた跡がついているんです。

だから、大震災で家がないから入ってきた人達も、いい家が出来るようになると、皆引越していって、誰も残っていないのです。誰も居ないと、誰かが見に来ても、気味がわるく、お化け長屋じゃないかとか、悪いものがついているのじゃないかと、おそれをなして借り手がない。そこで、私のところへ頼みにきたんだね。つまり、囮《おとり》になって入ってくれというわけです。家賃はいらないというから、こちらにとっては、もっけの幸いというところです。

ナメクジに食いつかれる

ところで、そこへ入ってみると、時はちょうど夏で、蚊のひどいこと夥《おびただ》しい。まわりの家に人が入っていればまだいいのだが、灯のついているのは私のところだけだから、二十軒分の蚊がみんな押し寄せてくる。

外から帰ってくると、蚊柱が立ちこめていて、家に入ってゆけない。ものを喋ろうとして口を開くと、すぐ三匹くらいが口の中に飛びこんでくる。ため息をつくと、今度は鼻の穴に入ってしまう。だから、フッと息をつめて、家の中に駈けこんで、パッと蚊帳《かや》の中に入って、はじめて口をきくのです。

蚊帳の中から外を見ると、何も見えない。蚊のやつは人間の血を吸いたくて仕様がないから、ウンウン云って、蚊帳のまわりを、ぎっしりと取り巻いている。まるっきり視界がきかない。うっかり厠《かわや》にでも立とうものなら、すぐ入られてしまう。また蚊帳が上等ではないから、子供がひっくりかえったりすると、ほころびてくる。すると、そこから蚊の決死隊が忍びこんでくるから、そういう穴を糸でしばって、ようやく持ちこたえているという有様でした。

ある日、私の留守に蚊帳売りがやってきたんです。女房はいい蚊帳が欲しくてたまらない。見ると、本麻の上物だ。十カ月払いで三十円、月に三円ずつ払ってくれればいいという。三十円とは割安だ。すると、すぐ買ってくれれば、十円でようございますよという口上だ。蚊帳は欲しいが、十円どころか三円もない。

どうしようかと、なんとなしに火鉢の引出しをあけると、そこに十円札がちゃんと入っているのです。有難いとばかりに、その十円を出すと、蚊帳売りはひったくるようにして受取るなり、蚊帳を置いて「ありがとうございます」と帰ってしまった。その十円札というのが、私が誰かから貰ったロシヤのルーブル紙幣なのです。その頃夜店などで三枚一銭くらいで売っていた、革命前の札です。それを女房は、十円がうずまいている頭で、はっと見たものだから、十円に見えちゃったのですね。これは随分得をしたようなものだが、さてその蚊帳をひろげてみると、蚊帳の切れっぱしを綴じ合わせて、カンをつけてあるだけで天井もない。綴じをほどいたらバラバラです。つまり、向うもこういう悪いものを売りつけるひけ目があるから、十円札をよく見もしないで、しめたとばかり逃げて行ったわけです。あの野郎ふてえ野郎だと憤慨したのですが、考えて見ればこちらだってふてえ野郎で、これは両方ばかばかしい目を見る結果となりました。

蚊のほかにも、足の長いこおろぎが家の中を跳ねまわるし、三寸くらいのナメクジが始終現われる。なにしろ、湿った、ゴミタメのような土地だから、ナメクジにはもってこいの環境です。まんなかに筋が三本入っていて、この位の大きさになると、塩をかけても平気だし、火箸で突こうが、マッチの火で焼こうが、平気な顔をしている。なにしろ筋金入りです。

そのナメクジは、子供が食いこぼしたものを、夜中に食べにやってくる。ところが、畳の間から首を出そうとすると、突っかえて出られない。それがうちの女房の足だったんです。ナメクジはその足が邪魔なものだから、下から小突き上げる。女房は、どうも足がむずむずするというので、足を上げたところが、大きなナメクジが、足にぶら下っていたというわけです。ナメクジに食いつかれたといって、一騒ぎしたものです。

こんなナメクジが、毎朝十能に一杯とれるので、それを川に捨てに行くのが日課の一つになっていました。ナメクジは夜中に壁をはいまわるが、あのはった跡は、ピカピカと輝いていて、まるで銀で壁を貼りつめたようだ。こんなきれいな家ってあるものかと、実に楽しい気持になりました。

ウォツカ自殺未遂

戦争が終るちょっと前に満洲に渡ったのも、あっちへ行けば酒があるし、その上空襲がないというので、軍隊慰問ということで出かけたのです。

終戦の時は奉天にいました。無条件降服ときいて、カッとしちゃったのだね。無条件降服とは、なんと情ないことだ。女子供は青酸カリを持ち、男は出刃庖丁《ぼうちょう》を持って敵に向うということになった。向うが戦車で来るというのに、やくざの喧嘩じゃあるまいし、出刃庖丁なんて冗談じゃないんだが、人間気が立っている時は仕方のないもので、私も自殺しようという気になりました。腹を切るのは痛いし、切るものもないし、そこで医者に青酸カリを貰いに行ったら、断わられてしまった。そこで、ウォツカがあったのを幸い、これを飲んで死んじまおうと思ったのです。ウォツカは一本飲むと耳が聞えなくなるといわれる位に強い酒ですが、それを一晩に六本飲んでしまった。そして、ひっくり返って、そのまま死ぬ筈だったのですが、目が覚めてみると生きている。胸が焼けて、気持が悪くてどうにもしょうがない。水を飲みたいけれども、向うは水が悪いから、飲むと死んじまう。七転八倒の苦しみをしているうちに夜が明けて、体はもとに戻ってしまった。それっきり未《いま》だにケロリとしている。私は余程体が丈夫に出来ているんですね。

その後、大連に行って引揚船を待っていましたが、引揚げが決っても、船が出るまで食いつながなくてはならない。ところが、ジャケツを酒に代えたりなどしたし、売れるものは売ってしまって、もう何にも残っているものがない。餓死寸前でした。

一年ばかりも風呂に入っていません。着たままだから、シラミが一杯たかって、まるでシラミのシャツを着ているようなものです。爪でどこかを突っつくと、必ずピチッとつぶれるほどで、元日にシャツをぬいで箒《ほうき》でシラミをはき落したら、一合ぐらい落ちました。

私は持ち合せのタバコを売ろうと、デパートに出かけたところ、委託品売場で、石田という人に会いました。「師匠、どうしたい」「ええ、もうどうにもしょうがないんです」「そう、うちへ来て飯を食ってって下さい」

そこで表へ出ると、パンを買ってくれて「うちに帰るまで、つなぎにこれを食べて下さい」……こんな苦労人はないね。分っているんだね。途中、豚肉を買って、「うちに行ったら、カミさんに君からだといって、これを出してくれ。そうしないとこっちも具合が悪いから」そして家へ着くと、「師匠、その豚で飯を食おうじゃないか」といって、焼酎なんかを御馳走してくれましたよ。

その上、着物から、外套、ふとんまで貰い、船に乗るまで、そこで世話になってしまいました。石田さんに息子があって、戦地に行ったまま行方不明になっているのです。もし東京へ行ったら、親戚の家に寄ってみてくれないか、と頼まれて、私は先に引揚げてきました。

その家へ行ってみると、もうその息子は帰ってきているので、私は早速そのことを知らせ、それからしばらく、息子の面倒を見てあげました。そのうち、石田さんが引揚げてきて、私のところへ来ましたが、今度は立場が逆になって、向うはとられてしまって何もないので、私のふとんをあげたり、できるだけのことをしてあげました。

その後、石田さんは相当な暮しをしています。いくら訪ねてきてくれといっても来ない。こっちからも訪ねていきたいが、忙しい。私は石田さんに命を助けてもらったのだから、その恩は生きているうちに返したいと思うのだが、いくら恩返しをしたくても、向うが困ってないのでは、どう仕様もない。こんな口惜しいことはないと思っているのです。

飲まば焼酎・死なば卒中

脳溢血とは縁がねえはずだったのに

顔を上げると尻がずらり

くたばりそこないましてね、このざまですよ。庭へ出るどころじゃあない、ハバカリへもひとりじゃあ行けねえ有様で、てんで意気地がありませんよ。

歩かなくっちゃあいけない、動かさないでいるてえと固まっちまうからって云われているんですがね。人手をかりねえと動けねえもんだから、つい億劫になっちまって無精をきめ込んでるんでさあ。体の右半分がしびれちまってるんで、まあ半身不随ってヤツなんでしょうな。毎ン日、按摩、ああ按摩じゃなかったマッサージってえのに来て貰って、揉んで貰ってるんですがね。あっしゃあ、按摩をとったことがないもんだから、くすぐったくってね、まだ気持が良いってとこまでは行きませんや。

大体、若い時から、大酒飲んでバカばかりやって、電気ブランなんて強い酒を飲んで、翌日は舌がまっつぐに突っ張っちまってしばらくは動かないなんてことを、しょっちゅうやってたんだから、病気をしねえ方がどうかしてるぐれえのもんですがね、不思議と病気ってものにゃあ縁が無かったんです。

二、三年前に、たまに眼まいがしたり、吐き気があったりしたことがあってね。その時ちょっと医者に見て貰ったところが、血圧は高くないってんでね。これほど酒飲んでこれあ、脳溢血にアならねえな。嬉しいね、俺ア何の病気で死ぬんだろうなんて云ってたんでさあ。一緒に血圧を計って見たカミさんの方が、これが二百もあってね、これア高え、てえへんだってえわけで、あっしの方のこたあ、後廻しになってどっかへ紛れちまったんでさあ。

忘れもしねえ、去年の十二月の十五日。巨人軍の優勝の祝賀会でのことですよ。品川のプリンスホテル、ほら元の宮様の御殿だったところでね。大体、ああいうパーティなんてのは落着きがなくてね、普通の席の決まってる洋食の時だって、ボーイが皿の上げ下げでカチャカチャやって騒々しいからね、西洋式ンところは一切断わってたんだけれども、それが、そのちょっと断わりにくい筋から頼まれたもんだから、飲み食いの始まる前なら演りましょうってえことで、引受けてたんです。

それが、その宴会の始まるのが、ひどく遅れてね。何でも、川上監督が銀座から来るのが、車がラッシュに引っかかっちまって、四十分経っても着かねえとか云うんでさあ。それで、開会が大分遅れましてね。何でも一時間も遅れてたってこったが、お客さん達は、大分お腹を空かしていたんだね。

いよいよ始まりということになって、初めに挨拶がしばらくあったらしいんだが、さて、その次「師匠どうぞ」と云われて高座の所へ上がろうとして行って見ると、座布団も敷物も無いんだね。これじゃ坐れねえ、今、座布団をとってくるってえんで、また五、六分、あいだがあいたんでさあ。座布団が来て、どうぞって云われてあっしが台へ上がったのと、お客さん達が、どっと、料理を並べた台へ詰めかけたのとが殆ど同時でしたね。

料理を並べたテーブルってえのが、高座にした台の前にあるんだ。あっしが高座へ上がる時にあ、おとなしくぐるりに立っていたお客さん達が、上がってから、お辞儀をして顔を上げて見るてえと、みんなテーブルの廻りに集っている。眼の前にあ、お客さんの尻がずらりと並んで、てんでに夢中で料理を皿へとっている。

これがカアッと来ちゃいましてね。こいつア、約束が違う、飲み食いの前って筈じゃあねえか、けえっちまおうかと思ったんですがね。若え時なら無論我慢しなかったでしょうがね。まあまあ、お目出てえ席だし、人様の顔をつぶしてもと思い直してね、よおうしッ、この背中を向けてる連中をこっち向かせてやろうと……まあ思ったんでしょうな。全然覚えてねえんですがね。とにかく、グッと立った向っ腹を抑えてしゃべり始めたんですがね。すぐ傍にいた木村名人（義雄・将棋十四世）がゲラゲラ笑うのが聞えたのを覚えてますよ。木村名人はあっしの話を何度も聞いてるんで、何も名人が笑うような話をしてない筈だがとちょっと思いましたがね。あとで聞くとどうもトンチンカンなことを云ってたってえんです。

その内、右手に持っていた扇子がパタッと落ちる。高座が急に持ち上がって来るように見えて、あっしが前へのめる……話し始めて、六、七分でしょうかね、終ったと思うお客さんはパチパチパチパチって拍手したわけです。もう、こっちは何も判りゃしません。後で聞いた話でさあ。

どうも切れてるらしい

ついて来てた娘の話じゃあ、次へ廻る時間が迫って来ているし、あんな高座の様子じゃあ、お父ッつぁんやりにくいだろう。早く上げちまうだろうから、外套をとって来とこうと二階の控室に上がって来たところへ、パチッパチッと来たから、あら、随分短い話だわねと思ってる所へ、「お師匠さんがヘンだッ」と人が知らせに来たってえんです。

それから、二階の控室に寝かされましてね。ホテルの頼みつけの医者へ掛けたところが、それがもう帰っちゃってていない。ホテルの裏と道一つ隔てて、病院がありましてね。運が良かったんですね。ここの先生がすぐ来てくれたんだそうです。それで、どうも切れてる（脳溢血）らしいってんでね、入院ってことになったんです。

その時、自動車で運ぼう、いや担架で静かに担いで行った方がいいなんて、枕許でやりとりがあったんですがね。それは聞えていたんです。担架で運ぶとは、俺はよっぽど悪いのかなあと思ったのをかすかに覚えていますよ。自分でも、脳溢血とは縁がねえんだと思い込んでいましたからね。

病院へ行って、腕から血を採られたら、それが、ひどく濃かったそうで、これじゃあ、血管がつまっちまうのも無理はないということだったそうですがね。静かにしていて、一晩越せば――一晩保てば大丈夫だろうと云われたんだそうです。

翌日の朝は大したことはなくて、眼を覚まして、「ここは何処なんだ、俺はどうしたんだ」って聞いていたそうですよ。何も覚えていませんがね。朝の八時頃に、看護婦さんが注射に来たんです。注射は大嫌いでね。それで医者へかかるのが嫌えなくらいなんでね。何の注射だって聞いたら、これが強心剤とかなんとかだってえんだ。そいじゃあ仕方がねえと思って、やって貰ったところが大変でね。

十分か十五分も経ったら、急に気持が悪くなって、吐いたんです。ココアのようなもんでね。これが血なんだそうなんだが、こっちはそんなこと知らねえから、ああ、これあ、昨日、日本放送で飲んだコーヒーだな、あっしゃあ、ふだんはコーヒーなんぞ飲まないんだが、それがイケなかったなんて思ってましたよ。ところが、それがあとからあとから、止めどなく出て来るんです。こんなにコーヒーは飲まなかったぞ、と思ったのを微かに覚えていますよ。それから、どんどん胃からの吐血を続けていたんです。もう意識も不明で、痰や吐血を吸い上げるパイプを口の中へ入れましてね。呼吸が苦しそうだってえんで、酸素吸入をやる。吐血は、昼前から夜通しで明け方の四時まで続いたんです。

もう誰の眼にもイケナかったそうで、この時に「志ん生危篤」って新聞に発表されたんです。医者も「今晩がヤマです」なんて云ってたそうですがね。ダメだって云ってるような顔に家族の者には思えたってこってす。

夜中の一時だか二時だかに輸血をしたそうですがね。心臓が特別丈夫だから保ったんで、当り前の心臓じゃアとうに参ってたろうと医者が驚いてんです。何の吐血か、ハッキリ云われなかったらしいが、血圧のためには、血が出て良かったようです。

そうっと逃がしてくれ

このごろは、眼を開けて受け答えはしてるんだが、本当に気がついてたわけではないらしいんでね、全然覚えてませんよ。

「ここは何処だ」って看護婦に聞く、「品川です」って答えると、「出口は何処だ」って何度も聞くんだそうです。そうして、「お前が手引きをして、そうっと裏口から逃がしてくれ、うまく逃がしてくれたら、お前さんに五十万円やる」ってしきりに云ってたそうですよ。

白い天井、白い壁の狭い病室で、牢屋へでも入れられたと思ってたんでしょうね。

初めは、酒をくれって云いづめだったそうでね。酒はいけない、先生に止められてるって云うと、ビールを買って来い、酒だと匂うが、ビールは匂わねえから、分るまいと云ってね。カミさんが来ると左手でカミさんの帯の間から財布を抜いて、ビールを買って来い、ビールを買って来いをやってたそうです。

一月ぐらいたって、看護婦に、

「お前さん誰だい」とやって、

「看護婦です。一月も前からあなたの看病をしているんです」とやられましたがね。まあ、それだけボケてたわけでしょう。

酒は飲みたいですねえ、好きなものをちょっとやるんなら毒にゃあならねえ、薬ンなると思うんですがね。どんなに栄養があって体のためになるもんでも、あっしの嫌いなもんはあっしにゃ毒なんだ。

一昨年、眼まいのした時も、酒をやめて、医者の云う通り薬を飲んでたんだが、ちっとも良くならねえ。胸はやけるし、いらいらするし、眠られないしで、すっかり弱っちゃってね、それから、薬ア止めちまって、酒をグイッとやっていたところが、医者がやって来て、どうです、良くなったでしょう、と云いやがる。面倒臭えから、ああ良くなった、お蔭様で良くなったとお帰りを願ったんだが、嫌いなことを無理にしてたんじゃあ駄目ですよ。カミさんも娘も、先生がいけないと仰有るなんて云って酒を止めやがるから、一体どっちの味方なんだって云ってやるんです。尤《もっと》も今の先生は、酒が好きでね。師匠が飲んでいいようになったら、第一番に私がお相手をするからって云って下さってるんでね。

野菜を食え野菜を食えってのが、困るんでね、あっしア野菜が食えねえんでさあ、娘や看護婦が食事を食わしてくれる時に、肉や御飯にホーレン草なんかを混ぜて口に入れてくれるんですがね。不思議にホーレン草だけ口ン中に残っちまうんですよ。お父ッさんの舌は流石《さすが》に器用に動くと云って娘を感心させてるんですがね。

長男の馬生は、もう一人前で安心ですがね、気がかりなのは次男の朝太です。二十五歳になるあっしの可愛い末っ子でね。こいつの事は気ンなってたと見えて、病院に運ばれて、血を採られてた時でも、俺にもしもの事があっても、朝太のお披露目は決めてある通りやれよって云ってたそうです。三月十日に決めてありましてね。この日が彼奴の誕生日なんで、前から決めてあったんでさあ。

落語は度胸

御蔭様でこの三月十日に、文楽さんの口上で、志ん朝を襲名、真打ちにして頂いたんです。こいつの披露にだけは出たいと思って、病院でも随分我慢したんです。

彼奴は度胸があるんだ。落語というものは度胸が要るんでね。難しい話を、人の眼を気にしないで、どうにかこうにか、とにかくやり通しちゃいますからね。仲々出来ないもんですよ。

戦争中に亡くなった三升家小勝という人は度胸の良かった人でね。民政党の浜口雄幸が総理の時に、反対党の政友会の宴会の余興かなんかで、浜口が総理になっているのは日本のために害がある。諺に云うではないか、「ハマグチは虫の毒」と云って……とやって政友会をやんやと喜ばせたそうですがね。この時は良かったんだが、放送局でやっている時にね。その頃は勿論NHKだけで、ナマだったわけだが、なんかのはずみに、「天皇陛下だって人間に違いはない。可笑しい時にはお笑いになりたいだろうし……」なんてことを云って、放送はパチッと切られる——切られたって、もう出ちまってるんで間に合わないんだが——あと頼まれなくなったり、軍部には睨まれたりでね……。

倒れた時にね。ぐんぐんと引き込まれるようでね、ウトウトとしている気持は良かったんですよ。「飲まば焼酎、死なば卒中」というくらいでね、なるほどこのまま死んじまうのなら楽だなあと思っていましたよ。飲みたくねえ薬を飲ませたがったり、食いたくねえものを食わせたがったりしやがると、あの時、そのまま死なせてくれた方が、よっぽど楽だったと憎まれ口を利いてやるんですがね。

こうして医者の云うことを聞いて我慢しているのも、志ん朝をもう少し見ていてやりたいからなんで……、それがなかったら、薬なんか飲みゃあしませんよ、酒だって我慢してるもんですか。

昔の大晦日《おおみそか》、正月

わたくしみたいな、むかし人には、やっぱり、むかしの大晦日、正月が、なんとなく気分がよかったように思えますね。

往来だって、昨今みたいに混雑いたしませんでしたから、もう、大つごもりの夜から元旦の朝にかけては、初もうでや年賀の人々が往来を歩いて、なんとなく春めいた気分がただよったものでした。

いいところの商家などでは、番頭たちに、シカ皮で作った皮羽織を着せましてね。そのにおいをかぐだけで、正月の気分がよみがえってきたものでした。

正月といえば、ふつうの商家は店をしめて仕事を休んでしまいます。だから、夜分、あかりがついているのは、寄席など、さかり場だけに限られていたものでした。

高座にあがって、客席を見渡しても、十七、八のむすめさんから、商家のご新造さんたち、奥さんがたまで、島田や丸まげに結い、そんな風情《ふぜい》を見ているだけで、こっちの話もはずむというものでしたナ。

もともと、寄席なんてのは、シカツメらしい顔をした客などきませんが、お正月ともなると、それがひときわ、ホロ酔い加減。しぜん話も、おめでたい内容になっていったもんです。

〝元日や、わが女房にも、ちょっとほれ〟

なんていう川柳がありますが、そんな馥郁《ふくいく》としたむかしの正月気分を出して、妙を得ていると思います。

ところで、正月は、大晦日をすぎなければきません。それはあたりまえのことですが、たいそうなびんぼうをしていた、わたしには、とてもやりきれないものでした。大晦日に借金取りに悩まされるなんてのは、わたしにゃ、もう、毎年あたりまえの年中行事みたいなものでした。

いつの大晦日でしたか、上野の鈴本が、まだ、まえの場所にあったころでした。どうしてもハカマがいるてんで、カヤ町にある、ある貸し呉服屋へハカマを借りにいきました。もちろん金はスッテンテン。そして、もちろん「おまえさんには、かさない」とニベもなく、ことわられました。こうなったら意地でして、寒いのも、空腹も忘れて、夜中の三時まで店先から動きませんでした。とうとう先方が折れて、ついに貸してくれました。

といっても、双方、べつに角が立つってこともありませんでした。それだけ、むかしはみなが気分もゆったりしていたのでしょう。

大晦日は、なんといったって、質屋が大繁盛。たいてい、どの店も黒山の人だかりでした。金に困って、押しつまった人々が、どっと押し寄せたからです。

これも、いつだったか忘れましたが、大晦日に、正月用の足袋がどうしても必要で、血の出るような思いをしてあちこちかけずり回り、やっと当時の十円という大金を手に入れました。ヤレうれしやと、さっそく御徒町の足袋屋に出かけました。

店先で、足の寸法を量ってもらっていると、年の瀬のからっ風が吹いてきましてね。その虎の子のイノシシ（十円札）を、吹き飛ばしちまったんです。

さあ、あちこち、さがしても、どうしてもみつからない。わたしゃもう、口惜しくて、口惜しくて、店の縁台の下などくまなくさがしましたが、とうとう見つかりませんでした。

それ以来長いあいだ、その店の前を通りかかると、必ず、その縁台の下あたりを眺めたものです。

でも、その大晦日、あい変わらずのスッテンテンで、新調の足袋もなしに、過ぎてしまいました。なければないで過ぎてしまう、けっこうな時代でしたね。

わたしは、もう大方ご承知の通りの酒好き、大晦日の苦労も忘れて、正月は、もう朝から酒びたり。年始を終わって高座にあがり、ふるまい酒がきいてきて、そのまま、うつぶせになったきり——ということもままありました。

三升の酒をあけて、高座に出て、どうしても話ができず、カッポレを踊って、鈴本、末広亭と回ったこともありました。

あんな気分の年末年始なんてのは、もう二度と、よみがえってこないようですね。

やりてぇほうだい

やりてえようにやっていく、これがあたしのいちばんの健康法だねえ。あたしの無精は、ふつうの無精じゃねえ。それに、がまんも絶対にできないたちなので、七十歳になるきょうまで、やりてえほうだいのことをしているよ。

四、五年前に脳出血で倒れて、危篤状態にまでなったがネ。あんた、病気する前の五、六十年は一升酒を飲んでいたもんだがね、いまは、一日に三合（約〇・五リットル）から四合（約〇・七リットル）飲んで、寝てえときに寝ているよ。

あ？　まあ寝るのは夜一時ごろ、起きるのは十時、八時間の睡眠はとっているねえ。

そんで、高座でしゃべる。なに、あたしが自分でだいじょうぶと思えや、それがいちばんいいんで、うちでグズグズしているよりゃ、しゃべっているほうが、気分がいいですよ。

近ごろは、物忘れがひどくなったが、はなしのほうは絶対に忘れちゃいねえよ。

こうなりゃ九十まで生きる

裸足で歩いた芸人

こんどはなに年《どし》？　亥《いのしし》かい。八十一ンなるんです、あたし。やんなっちゃうね、どうしようかと思っちゃう。ほんとに。

人間わずか五十年てえことをいって、五十までですよ、ひとてえもんは。五十から先ンなると、もう駄目だね。五十くらいまでは、おもてでなにかやったって面白いけど、もう五十から先ンなると、やっぱし違ってくるよ、ええ。

八十ンなったとき、これから、なにやろうと思っちゃって、なにしろあなた、八十ってば、こりゃあ、もう……おじいさんですからね。

むかしと違って、いまは、正月でもなんでも、ふつうの日みたいになっちゃって。以前は、春だって、夏だって、それなりの風情《ふぜい》てもんがありましたよ。いまは、それがないからね。だから、このごろてえと、なんかつまらない。

人間てえもんは、やっぱり年が変ると、すうっと変って、正月だなってえと、みんな正月の気分になるのがいいんですよ、ほんとに。一日《ついたち》は一日、十五日は十五日、二十八日は二十八日、そういうもんがちゃんとあるのがいいんで、いまは、なにもないでしょう、それが。ただ、夜が明けて、日が暮れて、また夜が明けててんで、なんかこう、つまらない。

むかしはだいいち、まだ江戸っ子てえもんがいて、人情てものがありましたよ。人間がそう悪くないんですね、あとのことを考えない。いまは、先のことばっかし考えてる。友達に、タケさんてひとがいて、そのまた友達のうちで、お米がないんだって。そいで、子供にお芋食べさしてる。「冗談いうねえ、べらぼうめ、出世前の子供に芋なんぞ食わせるねえ、そんなことできるかい、うちにある米やれイッ」啖呵きって、米やっちゃった。野郎、腹が減った。「メシ食わしてくれ」「米、むこうへやっちゃったよ」「じゃァしようがねえ、芋食おうじゃねえか」なんて、こんなのがいくらもいたんです。

だいたい、あたしらがはなし家になろうてえ時分には、それでおまんま頂こうなんて了見はなかった。だいいち、師匠がたずねるんですよ、「おまえ、おまんま好きかい、メシは好きか」「好きです」「じゃ駄目だよ。この商売、メシが好きでなろうったって、そうはいかない」っていわれちゃう。メシなんざ、食えるか食えないかわからない。メシなんてものは、食えるようになってくるもんなんで、ハナから好きなようじゃ駄目なんだ。

あたしたち、給金のこと「ワリ」ってますがね、このワリにしてからが、いくらンなるなんてこと考えちゃいけない。手ににぎったやつを「ほらしょッ」ってもらう。こうやるだけなんだから。手ンなかに、いくらはいってるなんて考えちゃいけない。なんでも、くださるものを頂く。「ほらよッ」「有難うございます」これだけ。はいってなくたってしようがない。ヘンな商売だね。

月にいくら稼ぐなんて、てんでわからない。はいてる下駄が減ってくれば、減ったまんま歩ってる。なんかの動機で買うバカもいるんだけども。しまいに下駄が割れちゃって、裸足で歩いてる。足ィ洗って、ひとのうちへあがるんだからね。あんまり、きれいな芸人じゃない。

名人・円喬

はなし家ンなったのは、十七の歳なんです。橘家円喬って名人のとこが振り出してね。その時分には、円喬なんてひとンなると、ちゃんとした人間でなきゃ弟子にとらなかったんですよ。ええ。それで、あたしは、円喬さんの弟子になれるような人間じゃなかったんだ。たまたま弟子が少なかったんでね、かり出されて行ったんですよ、ワキにいたのを。「あんなもん、しようがねえけど、いねえよりいいだろう」って、あんなもんがいったんだ。

あの時分は、弟子ンなっても、なかなか楽屋になんぞはいれない。だいいち、前座の仕事ったって、動いてりゃいいてもんじゃないんだ。いまは楽屋でお茶でも出して、「へェへェ」ってやってりゃすんじまうけど、そんなもんじゃない。まして、円喬なんてひとは、やかましいのなんのって、ええ、そりゃひどいもんでござんした。

弟子ンなったって、稽古なんかしてくれたことがない。素人とちがって、商売人となると、ひと真似じゃいけない。はなし家ってものは、てめえの了見で、工夫してしゃべらなきゃいけないってのが、円喬ってひとの考えなんですね。だから、しようがなし、こっちは楽屋でもって、自然に耳ィはいるのを覚えちまうんですね。教わるんじゃないんだ。

そんなことをして覚えるんだけど、やっぱり、うまく覚えるやつと、あたり前に覚えるやつとがでてくる。そういうときに、みんな別々の知恵がはいってくるんだな。お客を扱うのは別になっちゃう。みんな、おなじことしゃべってるようだけど、そこに人間てものが、自然とこうでてくるんですね。

毎度いうようで気がひけるんだけど、まあこの円喬さんてひとの上手さといったらないね。あたしも、円右だの、三代目（小さん）だのって、ほんとの芸術をほんとにきかせるひとを知ってますがね、円喬の上手さというもんは、そりゃもうすごいもんです。

それでも、その時分は、そんなに上手《うま》いと感じなかったのが、不思議ですね。いまンなってわかるんですよ。その、ほんとの上手さってものが。ああ、あれは上手いなということが。どうしてかというと、それは自分にできないからです。『三軒長屋』にしても『茶金』にしても、どうやったって、できない。やれないんですよ。

その時分、ある客が円喬さんのはなしをききたくって、嵐のなかを本所から両国渡って、立花まで出かけようとした。両国橋の上では、もう身体がどうにも前に進まない。かといって後へ戻ることもできないんですな。橋の欄干につかまって、このお客さんはいったそうですよ。「ああ、俺は円喬ってやつのために、こんなつらい思いをするのか。円喬ってやつは、憎いやつだ」って。だから「憎うなるほど上手いぜえ」ッて歌の文句があった。食物屋によくあるでしょ、「あの親父、しゃくにさわるけど、美味《うめ》えから行こう」って、あれとおんなじことですよ。けどまァ、あれほどの名人、憎いくらい上手いってひとは、もう出ないね。

双葉山と飲みくらべ

さて、そこでこの、酒の問題ですがね。

どういうわけのもんか、それがほとんど飲まなくなっちゃった。飲んでも、一時ほど美味くないんですよ。せんは、どんなことして飲んでも美味かったもんだけど、最近は、そういかない。

まあ、以前からあたしの酒は、飲みたいと思うときに飲む、だから、ひと様といっしょに飲むってことが駄目なの。それに、盃ってやつじゃやらない。茶碗でキュウッとやらないと気がすまない。ひとと、盃でやったりとったりてのができないんだ。

徳川夢声さんが、まだ盛んに飲んでた時分、春本助治郎（故人・毬《まり》の曲芸師）にたのまれて、夢声さんのうちへ行ったことがあるんですよ。行ったら、親類のひとってのが、十人ばかりむこうにいるんです。なにしに来てんのかと思ったら、夢声さんに酒の意見するために来てるっていうの。こっちはこっち、むこうはむこうで相談かなんかしてる。そのうちに、夢声さん、コップったってふつうのコップじゃない。大きなやつを持ってきて「ええ、どうも」って、あいさつなしでいきなり注ぎはじめちゃった。「酒はねえ、ウンコが出るんだから嬉しいね」って、こういう。

初めて会ったとき、なにもいわないで、「酒はウンコが出る」って、これは嬉しいね、むこうで親類が涙こぼしてるのにね。「酒のことで、グズグズいうねえ、誰がやめるもんかい」てなこといって、ガブガブ飲んでる。それが、あのひととの初対面なんですよ。ずいぶんと飲んだけど、自分から引き下ったのは、双葉山（故人・時津風）と飲んだとき。このときだけは、引き下りましたね。

まだ戦争時分でね、どこへ行ったって、酒なんざないんですから。だいいち、火鉢に火がないしまつなんですよ。築地の吉田家ってうちから双葉山が来てくれってんですね。雪の降ってる、寒い晩でした。

出かけていくと、座敷でちゃんこ鍋《なべ》してるんだ。炭は山のように積んであるし、酒なんか樽《たる》で置いてある。ええ、どこ行ったって、一滴だってない時分でしょ。みんな、お客があれしてくれてるんですね。そいで、ちゃんこでいいかげんごちそうなってるところへ、名寄岩（元大関）がきて、御大がちょいときてくれっていってるっていうんで、行ってみたら、「おお、飲みっこしよう、飲みっこしよう」てんですね。こっちは、そのときもういいかげんできあがっちゃってるんだ。そこへ飲みっこしようってんでしょ、もうヤケだ。「ええ、よござんすよ、相撲じゃないんでしょ」って、やりだしたんだが、てんでかなわない。

　こっちだって、飲むのは相当はやいんだ、ギュウッと一息でやるてえところ、むこうは、クッと、これだけでやっちゃう。ヒャッ、ヒャッってなもんでね、なにしろ手が大きいから、一合くらいはいるコップで、ヒャッ、ヒャッ。

　なん杯飲んだかしらないが、とてもかなわないてんで、「すいません、負けました」っておじぎしちゃった。相撲とりと飲んじゃ、あわないですよ、なにしろ、でかいんだから。

　そんとき、あたしは紋付袴で、足駄はいてったんだ。帰りに、上からモンペはこうと思っても、へべれけで足がはいらない。しようがねえから、あるものひっかかえて、出たとたんに、ピシッと、足駄の鼻緒切っちゃった。こういう、つまんないことは、じつによく覚えてるもんですな。足駄を片方だけはいて、片方持って歩くというのは、またじつにどうも、歩きにくいもんで。

　どうにか、銀座のほうまで歩ってきたけど、その時分だから、車もなけりゃ宿屋もない。しようがなくて、演舞場のそばの、大野屋って足袋屋の縁台にひっくり返っちゃった。

　そうしたら、運よく、そこに神明町行きの赤電（終電車）が来たんだ。そいつに乗ったら、混むの混まないの、「もう乗れねえ」っていいやがるから、「乗れねえってやつあるかい、この野郎」なんていうと、なにしろへべれけで、泥だらけなもんで、みんなよけてっちゃう。そんな思いして、うちへやっとたどりついて、土間からはいあがったとたん、かかァに二十ぐらいひっぱたかれちゃった。こういうときに殴らなきゃ、殴るときがない。

高座で酔いつぶれる

　酒じゃずいぶんと意地汚ないことしてきましたけどね、食いもんにはきれいなんです。もっとも、食いもんじゃしくじりようがないもんね。

　だいぶ以前に、いまの文治やなんかと、大勢で、高崎から足利《あしかが》へ興行に行ったときにね、朝起きて、湯に行って、帰ってから一杯やろうと思ってるでしょ。芸者屋があって、前をすうっと通ったら、女将かなんかが「まぁ、お寄んなさいな」って声かける。「ご飯食べてらっしゃい」ってこういう。あたしたちは「酒」にご飯とくりゃあ、あたしたちは「酒」にきこえちきこえちまう。で、飲めるてんで、あがりこんじゃった。

　そうしたら、お膳が出て、女中がおはちかかえてきやがる。さあたいへんだと思ってね、「あのう、前にもう食べました」「まあ、いいじゃありませんか」「あの、ちょいと煙草買ってきます」「お煙草ならそういってくださいな、うちにありますから」、もうこうなったらしかたない、「さよならッ」って、みんなで逃げちゃった。
「べらぼうめ、朝っぱらから、湯にはいって、めし食わされてたまるかい。めし食わなきゃならねえほど、悪いことなんぞしちゃあいねえやい、こっちは」なんていいながら走ってると、角に酒屋がある。ああいうもんが目ェはいると、もういけない。「おあがんなさいな」っていわれて、あがったときから、もう酒飲むという相談が、腹の虫とはきちんと決っちゃってるんだから。結局、その酒屋でひっかけて、その芸者屋の前は通らずに、席まで逃げちゃった。いえね、べつに逃げなくてもいいようなもんの、やっぱし逃げますな、ああいうときは。

音羽屋（六代目尾上菊五郎）が生きてた時分、やっぱりもう酒がないころですがね、銀座の寿司屋でもって、ないしょで飲ましてくれるてんで、いっしょに行ったことがあるんです。大関を出してくれて、マグロのいいとこがある。嬉《うれ》しくなっちゃってね。昼間っからやってたんだけど、気がついたら六時なんですよ。その日、七時から新宿の末広亭で、寄席中継があるの。その時分は、放送ったら、みんなナマでしたからね。さあたいへんだって大騒ぎ。

車なんか無論よべる時代じゃない。かといって、行かないわけにはいかないんですな、これが。しようがなしに、省線で行きましたよ、新宿へ。もちろんもう間にあわなくて、だれかがつなぎにあがっている。「それでは、志ん生さんがお見えになりましたので」

っていわれて、マイクにむかったきり、わからなくなっちゃった。楽屋できいてたやつが、「師匠、きょうのはなしは、なんだかわからねえ」って。そりゃ、しゃべってるあたしがわからねえんだから、ほかのやつにわかるはずがないんで。

そんなわけで、酒じゃずいぶんしくじってますよ。戦後だって、なんとか銀行ってのがあってね、そこの新年会によばれて、べろべろンなっちゃって、人形町末広の楽屋で寝てたんだ。そしたら、末広の親父がきて、「こんだ、高座ですよ」っていわれたときに、バタンって引っくり返っちゃった。脳溢血《のういっけつ》じゃないかなんて、たいへんな騒ぎ。

こんなとき起されて、高座あがったって、しゃべることなんかできやしない。『かっぽれ』かなんか、ハアッと踊って、つっぷしたまんま高座に寝ちゃう。「どうかしちゃったぞ、おおい」なんてんで、引きずりおろされるなんということがよくあったもんで。

空襲下での一席

酒とくると、つぎは女ってことになるんだが、駄目なんですね、この女なるものが。そりゃあ、若い時分にゃ、吉原があったたし、盛んな時分だから行くでしょ、酔っぱらっちゃう。これから、おひけンなる時分には、またほかへ飲みに行っちゃう。

だから、行っても夜の明けるまで飲むほうが多い。夜明けにとび出して、あすこいらの湯ィとびこんで、また飲む。酒飲んじまうと、もう女なんか面倒くさくなっちゃう。ええ、もうそこにあるもん、取んのがいやなんだから。うちィ帰るのなんか、もっと面倒くさい。その時分は、ひと月くらい帰らないのはザラだった。しまいにゃ、子供が顔忘れちゃって、逃げやがる。子供に逃げられちゃいけない。

若い時分だと、博奕《ばくち》でも、勝負事でも夢中になれるんですけどね。年齢《とし》をとってきて、だんだん考えるってえと、博奕なんてものは、やったところでしようがないって気分になっちゃう。ひとのゼニを取ったところでねえ、なにを買おうってんじゃないんだから。

将棋にしたってそうですよ。いくらやってもね、あるところまでですから。ええ、それよか強くなりっこないんだ、たいがいが。

玉ァ突いたってそうでしょ。いっぺんに、五十くらい突くひとってのは、やっぱり違うんですね。ええ、で、てめえで取れねえ玉ってやつは、たいがいあきらめちゃうもんだけど、そういうひとは、取れない玉を、どうにかして取るまではやめない。

落語《はなし》だってそうですよ。あァ、こいつは上手くできねえから、これこっちへやっとってってのが多いんですよ。あたしはね、できないってえとそれができるまで、ほかへ心を寄せたくないんです。なんとかかんとかして、やれちまうまでは、それが気ンなっちゃってほかのことが手につかない。で、それができるってえと、ほんとに重荷をおろしたような気分になって、そりゃ気持のいいもんですよ。

ひと口に、落語《はなし》なんていいますが、あれでひとそれぞれのやりかたてえもんがある。文楽くん（桂文楽）なんぞは、落語《はなし》そのものがもう筋道だって、きちんとしてえる。あたしはそれができないんだ。もう思ったまんましゃべっていくのが好きでねえ。そのときの気分なんですよ。

だから、どうかするってえと、こないだはあすこをこうやったけど、きょうはこうだったのはどういうわけだ、なんていってくるひともあるんです。けど、これは性分でね。そういうところが、もういくらもあるんです。なんとか、そこをやりくって、押しつけちゃおうってことばかり考えてる。だから、落語《はなし》を上手くやろう、上手くきかせようって気は、あんまりないんです。出たとこ勝負なんです。

クスグリなんぞ、特にそうですね。ひとのやったクスグリをとってやるよりも、出たとこ勝負でやってるほうがずっと楽しい。もう、クスグリなんてものは、一人がやれば、そのクスグリ、すでにみんながやるようになっちゃうんだから。だから、極端ないい方すれば、お客さん喜ばせることも、そうだけど、あたしは自分の好きで落語《はなし》やってるってことのほうが多いですね。客なんか一人でも、いや一人もいなくても、あたしははなしますね。好きなんだもの。

戦争中、大塚の鈴本でやってるうちに、空襲になっちゃったことがある。おもてはなにしろ空襲なんだから、そりゃたいへんな騒ぎ。そのうち、警防団みたいなのが、バケツ持ってはいってくるんだ。でも、知らん顔してやってたんです。そうしたら客が喜んでね、どうなるかと思ったけど、よくやったって。こっちにすりゃ、始めちゃったら、落語《はなし》なんてもんは、へんに終れないんだよ。落語《はなし》ンなかに、はいりこんじまうと、おいそれと「じゃァやめます」なんてわけにはいかないでしょ。

いなくなった名人

むかしの芝居なんか、役者がほんもの持って舞台にあがったってえますからね。なんのほんものって、刀だよ。それで、斬られちゃったら、斬られるやつがドジなんだから。うっかりしてると、てめえが斬られちゃう。だから、こいつを先に斬っちゃおうてんだ。みんな真剣ですよ、狂言じゃないんだから。そうやって修業したんだ。誰だって、斬られちゃかなわないから、むこうを斬ったほうが得だ。そこに、呼吸《いき》というもんが出てくる。それで芝居てもんが面白くなる。

あたしは、以前の播磨《はりま》屋（先代・中村吉右衛門）だの、羽左衛門とか、そういうところとつきあってたんだ。むこうのいうことは、こっちが聞けば学問になるし、こっちはこっちで、むこうに落語《はなし》をきいてもらったりね。そうすると、芝居観てても、ただ出てきてるだけって役者と、そうでないのがよくわかるようンなる。出てくるだけじゃしょうがないんで、そこにワザを見せなくちゃならない。そういう、いろんな事情をのみこまないと、芝居なんてものは、ただ観てても、はなし家の役にたたない。

いまのはなし家は、そういう勉強しない。だから、これから満足なはなし家は出てこないよ。みんなのしゃべってるのをきいて、そのまんましゃべってる。芸なんてものは、そうじゃないんで、なにひとつやさしいてものがないんだから。

そりゃね、むかしっからいうように、芸と商売はいっしょにならないんだ。寄席のお客てえものは、晩めしすましてから、退屈だから、寄席へはなしでもききに行こうというか、遊びのお客さまなんだね。それに、みっちり芸をやったひにゃ、お客さまがまいっちゃう。寄席は、あくまで商売をやるとこなんですから。ところが、ちかごろは、この商売のほうばっかしで、芸ってものがない。

芸てえものは、すべてになくなってきましたな。名人てひとが、いまはいなくなっちゃった。むかしは、そう震災前までは、まだほうぼうにちゃんとした、いいものがたくさんあった。ああいうものは、どこへ行っちまったのかね。左甚五郎作の、漆喰《しっくい》細工の竜なんてものがあって、その時分で、千円ってましたから、たいへんなもんですよ。そういうもんは、見てえるだけで気持のいいもんで。

左甚五郎てひとは、講釈や落語でもおなじみだけど、こんなはなしがあるんですよ。甚五郎が、大久保彦左衛門にいわれて、上野の塔の柱ィ、竜を彫ったんですよ。そいで、不忍池の弁天様に信心をしてね、拝んでるうちに、どういうわけか、そこィつっぷしちゃう。「おまえさん、もうここは閉めるんだから」っていわれて気がついて、不忍池に橋があるでしょ。橋ンとこまでくると、十五、六の女が水を、こう見つめてる。それから、「ねえさん」って声をかけた。ドォーンととび込んじまった。その女が、とび込んじまったとたん、天が曇ってきて、すごい雨。女はってんで、はっと見るってえと、しめてる帯がスゥッと解けて、竜になって、スゥッと天へ昇ってった。

だから、甚五郎の竜は、下で見ると、粗彫《あらぼ》りだってますがね。そりゃ甚五郎の腕なんてものは、もうたいへんなもんだったんですな。芸人もおんなじで、つまり、ひとにできないことをやらなくちゃいけないんでしょうね。

冥土の夢をみる

はやいもんだね、あたしが生まれて初めての病気ってものをしてから、もうかれこれ十年になるんだから。もう気分のうえじゃすっかりよくなって、酒も煙草もいいってのに、足がいうことききかないってのが憎いね。長いこと、坐ったままで、商売させてもらってたあたしが、足で苦労するってのは、皮肉なもんじゃありませんか。かんじんの酒を、てめえで取りに行けねえってのも、口惜しいね。しかたないから、毎日こうやって炬燵《こたつ》ィはいって、テレビ見てる。面白くないね。

仕事にも出かけられないくらいだから、毎日、弟子と湯ィ行くぐらいしか外に出ない。最近じゃ、末っ子の強次（志ん朝）の結婚式に出たぐらいで、おかみが「勲四等瑞宝章」なんて結構なものくれたときだって、役人に電話で「すまないけど、とどけとくれ」ってやって、長男の清（馬生）に、「父ちゃん、蕎麦《そば》あつらえるんじゃないんだぜ」ってしかられちゃった。

もっとも、八十を過ぎりゃ、これ以上よくなりようがないんで、もうたいがいのことはあきらめちゃう。ひとは、養生しろなんていいますがね、養生なんてもんは、いい若いもんがするから養生なんで、八十いくつンなって、養生なんてものはない。

いままで、ひとの年齢きいて、八十なんていわれると、「へえっ」と思ったもんだけど、こんだ、自分がね、その八十ンなっちまって、八十になりゃ、たいてい参っちまうもんだけど、参らないから、まごまごすると、九十まで生きちまうかも知れない。

でも、友達が、みんな死んじゃった。ついこないだ、あたしのことを見舞いに来たのが、金馬（三代目三遊亭金馬）でも、可楽（八代目三笑亭可楽）でも、見舞いに来たのがみんな先ィいっちゃった。

だから、いま、あたしに文楽のほかは、みんな年齢が離れちゃってる。文楽は、あたしより三つ下なんだ。若い時分から、いっしょに飲んだので、いま残ってるのは、文楽だけ。あと、おなじくらいっていうと、新宿の親父さん（末広亭席亭）くらい。文楽は、養生して、酒ひかえてるし、煙草やめちゃった。あたしだけだね、不養生なのは。でも、結局あたしの身体には、酒があってたんですね。たいがいの風邪は、酒で治っちゃったし、薬屋ってものを、のぞいたことがないんですから。ええ、ほんとに。

でもね、最近はよく、冥土《めいど》へ行った夢見るんです。ええと、ここが冥土なんだなって、そんな夢を見てる。じっさい、ここまでくると、どこまで生きりゃいいんだって、いいたくなっちまう。ねえ、つまんないもの。いつもそう、なんかあると、ああ面倒くせえ、はやく参っちめいてえなって、けど、こればかりはね、まさか、刀持ち出して腹ァ切るわけにもいかないし。だいいち、そのう、ああいうことはやりつけないから、上手くいく気づかいがない。だからね、もうこうなったら、俺いくつまで生きられるんだろうって、試してみてやろうなんて、考えてね。寿命ですからね、こればかりは。

落語は滅びない

いま、あたしは身体がこんなで、席は休んでるわけだけど、人形町末広がなくなっちゃったり、上野鈴本が休んだり、寄席が減っちゃってる。ひところ、テレビだの、なんだので、若い、まだ落語《はなし》もろくにできないのまでひっぱり出されてたのに、もうさびれちゃった。いったい落語はどうなっちゃう、なんて心配してくれるひとがいる。でもね、むかしから、そういうことは、いわれてたんですね、いまに始まったことじゃないんだ。あたしが、はなし家になったときなんざ、日露戦争がおっぱじまってた。「キミ、なんではなし家ッなるんだい。あたしたちゃ、これからよそうと思ってんだよ。もう、しようがないんだよ。こんな商売はね、いまにね、みんななくなっちまうんだから」って、そういわれたもんですよ。

六十軒あった寄席が、いま何軒です？ 四軒？ 五軒？ まァ多かないが、それでもやってるんだから。ええ、これよかもう減りようがないんですから。

それに、せんにもそんな時代があったですね。ほら、アンツルさん（故・安藤鶴夫氏）やなんかが骨折ってくれて、ほうぼうの御屋敷の座敷借りたり、お寺の座敷借りたりしてやったことあるでしょ。あれですよ。なんにもなくなっちまえば、もう、こんだね、寺だの、どこだの、そういうとこ探して歩いて、行くんですよ、どこでも。だから、いよいよとなったら、強いには強いんです。身体ひとつ持って行きゃできるんですから。身体ひとつ、客一人から始められるんだ、落語って芸は。そう簡単にゃ、なくなるもんじゃない。

ええ？　お疲れでしょうって？　大丈夫だよ、くたびれやしないよ。なんか一席やりますか。『船徳』なんぞ、どうです。

文庫解説

伸縮自在志ん生の勝手

立川談四楼

ニンマリしながら読んでいただけたと思います。そのお弟子さん筋の情報では「普段は喋らないよ。無口な方だろうね」とのことでしたが、志ん生、けっこう喋ってます。聞き手や対談相手がよかったということであり、その場に酒があったということでしょう。最初ちょっとテレていて、次第に興が乗っていく様子が、聞かされている志ん生像に重なってゆきます。

ウフとかへへと低く笑いながら読み進めると、あることに気づきます。ウォッカ、蚊帳、ナメクジなど、同じ話が何度か出てきて、その展開が微妙に違うのです。さすがは徳川夢声、一九五〇年における対談相手だった彼は、そこを指摘します。

対談では夢声がこう問いかけます。「――ナメクジが、お内儀さんの足に喰いついたてえハナシは、ありゃ本当ですかい?」と。すると志ん生、「本当ですとも。(中略)畳があってね、ウチの嬶ァが坐ってた。ね、そこへナメクジが出ようとした、こう、畳の間からね。ところが出られないや、嬶の足が塞いでる。で、野郎口惜しがりやがって、キュッと喰いついた。アッと云って飛び上ったら。足にブラ下ってやがる（大笑）。――」と応じるのですが、対談を振り返り、夢声はこんな私見を挟んでいます。

「――所で、この話は、昭和十年ごろ、この師匠から一度聞いたことがあるんだが、その時の話では、お内儀さんが井戸端で洗濯中に、カカトに喰いついたことになっている。どっちが本当なのか、どっちも本当なのか、どっちも嘘なのか、一寸分らないが。なにも真相を究明しなければ、民族の運命に関するというほどの問題でもあるまい」と。

いいですよね、「民族の運命に関するというほどの問題でもあるまい」の部分が。そしてその通りと共感を覚えます。志ん生にとって瑣末なことはどうでもいいんです。貧乏だから家賃タダの長屋に住み、湿気があるからナメクジが出て、それがお内儀さんの足に喰いついた。その事実ありきで、あとはもうどう話を展開させようと志ん生の勝手なんです。

志ん生はウソはつきません。ただし誇張と省略があります。それを時と場所によって使い分けてるんですね。つまり対談にも落語的手法を持ち込んでいるわけです。志ん生が現役だったころ前座だった人（今や古老）に、「伸縮自在の高座だった」と聞いたことがあります。後の出番の人が来てない時には長く演《や》ってくれ、時間が押している時にはごく短く下りてくれたそうです。

「二十分の噺を三十分に膨らませ、同じ噺を十分で演ることも出来るんだ。スゲエよな」と、その人はそうも言いましたが、並び称される昭和の名人・先代桂文楽については「長く短くはとても頼めなかった」と述懐しました。作り込み、磨きに磨いた噺は、たとえば二十分丁度という風に時間が決まっており、伸縮は不可能だったからです。では志ん生がいつも協力的であったかというともちろんそんなことはなく、十五分高座を二十五分演ったり、たっぷり時間があるのに五分で下りてきて楽屋をあわてさせたりはよくあったとかで、それでもそれは「志ん生らしい」ということになり、志ん生が楽屋内でも愛されていたことは確かなのです。

本書を再読していた時、談志の訃報が入ってきました。覚悟はしていたものの、やはりズシリと堪え、その気持ちを持て余し気味ですが、志ん生に関し、談志は功労者であると断言できます。談志は事あるごとに「志ん生は凄ェぞ、聴きな」と言い続けたからです。私も談志を通じて志ん生を知った口で、多くのファンからも「談志師匠があんまりいいって言うもんだから試しに買って、で、ハマっちゃったよ」という声を聞きます。

幸いなことに、志ん生は多くの音源を残していたのです。

談志の志ん生自慢はまだまだあります。その一つは作家の故結城昌治氏が『志ん生一代』を書いたことです。「オレが結城昌治を日暮里に連れてったんだ。オレが志ん生に会わせてやったんだ。それであいつは小説を書いたんだ。オレのお陰だ」と、酒に酔い、まるで自分が書いたかのように自慢してましたっけ。

「早いとこ啖呵切っちゃいな。この政五郎ってヤツは啖呵を切りてえヤツなんだから」
『大工調べ』に関する志ん生の談志へのアドバイスです。本質を鷲摑みにする力とでも言うのでしょうか、談志、これまたスゲエと唸ってましたっけ。
今や談志バブルで、CD、DVD、書籍が飛ぶように売れています。一方志ん生のブームは長く、映像が少ないせいで、それはカセットからCDへという流れですが、未だに売れ続けています。書籍もコンスタントに出て、今回こうして携われることは、お導きがあるとすればこういうことかと、喜びを味わっているのです。

（落語家）

（二〇一二年記）

【増補】

志ん生柳句　（『落語界』74.11 など／『文藝別冊・古今亭志ん生』06.3）
志ん生語録　（『落語界』74.11／矢野誠一編『志ん生讃江』河出書房新社、07.2）
志ん生芸談　（東京新聞社文化部編『芸談』東和社、51.7）
8月15日、あの放送の瞬間どこで何を？　（『丸』53.8）
私の顔　（『家庭よみうり』54.1.11）
志ん生すもうばなし　（『相撲』56.6）
ある年越し　（『小説公園』57.1）
志ん生くるわ咄し　（『別冊週刊サンケイ』58.2.25／『文藝別冊・古今亭志ん生』06.3）
酒と女と貧乏と　（『文藝春秋』1959.1／文藝春秋編『なんだか・おかしな・人たち』文春文庫、89.10）
飲まば焼酎・死なば卒中　（『文藝春秋』62.5）
昔の大晦日、正月　（『潮』65.1）
やりてぇほうだい　（『週刊読売』66.8.12）
こうなりゃ九十まで生きる　（『文藝春秋』71.1／『文藝別冊・古今亭志ん生』06.3）

著者故人のため、表記などはそのままとしました。なお、須田栄氏のご遺族の連絡先にお心当たりのある方は編集部までご一報いただけると幸いです。

◉初出一覧

【語り】

将棋で徹夜　（『オール讀物』64.3）
実用むき　（『週刊朝日』52.7.13）
天狗の告白　（『サングラフ』56.10）
銭を求めて　（『オール讀物』52.12）
貧乏と隣合せで五十年　（『人物往来』55.1）
お化け長屋は愉しき哉　（『人物往来』57.6）
ナメクジと闘う　（『丸』55.2）
好色の戒め　（『日本』58.1）
ごあいさつ　（『志ん生廓ばなし』70.1／『志ん生長屋ばなし』70.8／『志ん生江戸ばなし』71.3、立風書房）
私のくらし　（『週刊読売』54.4.11）
処世哲学　（『評』57.2）
ずぼらで呑んべで……　（『週刊文春』61.12.4）
「紫綬褒章？　そうだってね」（『週刊大衆』64.11.19）
古今亭志ん生という男性　（『週刊サンケイ』64.11.23）

【対談】

古今亭志ん生の巻　（徳川夢声『同行二人』養徳社、50.11）
笑わせたがらぬ笑いの名人　（『週刊読売』52.3.1）
かたい話やわらかい話　（『サンケイ読物』56.1.8）
とかく浮世というものは……　（『別冊週刊サンケイ』56.10.25）
おしゃべり道中　（『娯楽よみうり』57.2.1）

＊本書は、河出文庫『志ん生芸談』（二〇一二年二月刊、解説も／単行本は二〇〇六年七月、小社刊）の増補版です。

志《し》ん生《しょう》芸談《げいだん》〈増補版《ぞうほばん》〉

二〇一二年 二 月二〇日 初版発行
二〇二三年 一 月一〇日 増補版初版印刷
二〇二三年 一 月二〇日 増補版初版発行

著 者 古《こ》今亭《こんてい》志《し》ん生《しょう》
発行者 小野寺優
発行所 株式会社河出書房新社
〒一五一‐〇〇五一
東京都渋谷区千駄ヶ谷二‐三二‐二
電話〇三‐三四〇四‐八六一一（編集）
〇三‐三四〇四‐一二〇一（営業）
https://www.kawade.co.jp/

ロゴ・表紙デザイン 粟津潔
本文フォーマット 佐々木暁
印刷・製本 中央精版印刷株式会社

Printed in Japan ISBN978-4-309-42021-9

志ん生一家、おしまいの噺

美濃部美津子 41633-5

昭和の名人・古今亭志ん生の長女が、志ん生を中心に、母、妹、弟（馬生、志ん朝）との、貧乏だが愉しく豊かな昭和の暮らしをふり返る。肉親にしか書けない名人たちの舞台裏。

志ん生のいる風景

矢野誠一 41661-8

昭和の大名人・志ん生。落語会の仕掛け人として付き合いのあった著者による書き下ろし名著。その強烈な「自我」がもたらす圧倒的な藝の魅力が伝わる。

世の中ついでに生きてたい

古今亭志ん朝 41120-0

志ん朝没後十年。名人の名調子で聴く、落語の話、芸談、楽屋裏の話、父志ん生の話、旅の話、そして、ちょっといい話。初めての対談集。お相手は兄馬生から池波正太郎まで。

花は志ん朝

大友浩 40807-1

華やかな高座、粋な仕草、魅力的な人柄──「まさに、まことの花」だった落語家・古今亭志ん朝の在りし日の姿を、関係者への聞き書き、冷静な考察、そして深い愛情とともに描き出した傑作評伝。

大河への道

立川志の輔 41875-9

映画「大河への道」の原作本。立川志の輔の新作落語「大河への道」からの文庫書き下ろし。伊能忠敬亡きあとの測量隊が地図を幕府に上呈するまでを描く悲喜劇の感動作！

ことばと創造　鶴見俊輔コレクション4

鶴見俊輔　黒川創〔編〕 41253-5

漫画、映画、漫才、落語……あらゆるジャンルをわけへだてなく見つめつづけてきた思想家・鶴見は日本における文化批評の先駆にして源泉だった。その藝術と思想をめぐる重要な文章をよりすぐった最終巻。

著訳者名の後の数字はISBNコードです。頭に「978-4-309」を付け、お近くの書店にてご注文下さい。